JN117260

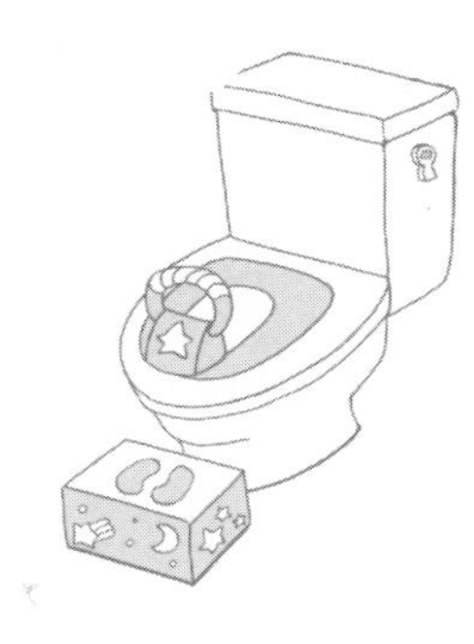

親子でとりくもう 絵でわかる 基本的生活習慣

編著 谷田貝公昭
髙橋 弥生

一藝社

まえがき

習慣および慣習とは、一定の状況において容易に触発され、しかも比較的固定した行動の様式をいいます。それはまた、その国の国民や社会が長い間かかってつくり上げてきたものです。よって、その国の文化の一部を形成するものです。なかでも、日常生活の最も基本的なことがらに関する習慣を「基本的生活習慣」と呼んでいます。具体的には、食事、睡眠、排泄、着脱衣、清潔の５つの習慣をいいます。それはひとつの文化であり、それが自立するということは、自分の国の文化に適応していくことを意味します。すなわち、アメリカの発達心理学者ゲゼル（A.Gesell）のいう「文化適応」(acculturation）ということです。したがって、この習慣の育成は、その社会への適応性の育成を意味しますから、子育て上極めて重視しなければならない問題なのです。換言すれば、基本的生活習慣を身につけることは幼児教育の必修の課題のひとつでもあります。

基本的生活習慣は、二つの基盤に立つものに分けて考えることができます。一つは生理的基盤に立つ習慣であり、もう一つは社会的･文化的･精神的基盤に立つ習慣です。具体的には、前者が食事・睡眠・排泄の習慣であり、後者が着脱衣・清潔の習慣です。これらの習慣を身につけておかないと、その子どもはそれ以後の生活に支障をきたすともいわれています。

基本的生活習慣とは本質的に人間である以上、民族・人種を問わず身につけなければならない習慣でもあります。この世に誕生した限り、自分自身を円満に成長発達させるためにも、その人間はこの社会の要求する習慣を身につける必要があります。

このようにこの習慣は、生活に絶対に欠かすことのできないのはもちろんですが、心理的にも、身体的にも幼児の心身の発達の基礎になります。例えば、箸を使用する習慣は、手指の運動とも関連しますし、着脱衣の習慣は、ひいては自立性の発達とも関連します。したがって、身体諸器官の成熟とその機能の成長・発達との関連において、つまるところ人格の発達にも影響するといえます。

基本的生活習慣を自立させるためには、なんとしても周囲の大人、とくに親の協力が必要です。この場合の協力とは、余計な手助けをしてやらないで、子どものすることをじっと見守ってやるということです。そして、どうしても子どもが自力で解決できないと思われるとき、適当な指導と援助をしてやるという意味です。

基本的生活習慣の自立年齢については、山下俊郎（1903～1982）により1935年～1936年にかけ実施した調査に基づくものがあります。わが国ではこの基準のものが最も信頼され、長い間多くの人のしつけの指針として使われてきました。谷田貝公昭らは、山下が調査した当時と比較して、子どもをとりまく社会的・文化的状況などの変化には絶大なものがあると同時に、彼ら自身の精神発達の変化なども考え、1974年、1986年、2003年に追試を実施し基準が妥当かどうか検討をしてきました。

そうした過程で、山下の設定した項目は習慣を質問しているものと、そのことができるかできないかという技術の質問をしているものとが混在していることが判明しました。

そこで、全項目を検討し、すべて習慣を質問することに改め、2019年に調査を実施しました（谷田貝公昭、髙橋弥生編著『基本的生活習慣の発達基準に関する研究―子育ての目安―』一藝社、2021年）。

本書は先の調査結果をもとに基本的生活習慣を身につけさせるための方法を、絵をふんだんに使い解説したものです。執筆者は、保育・教育の分野の第一線で活躍している人たちです。

まず、8頁の「この本の使い方」をお読みいただき、必要あるいは関心のあるところをご覧いただければと思います。

本書が子育ての一助となれば、執筆者一同望外の喜びとするところです。

最後になりましたが、企画の段階から全面的に協力推進していただいた一藝社の菊池公男会長、小野道子社長と、編集の労をとってくださった川田直美さんに執筆者全員を代表して心より謝意を表します。

2023年3月　**谷田貝公昭**

もくじ

イラスト／葉づき
カバーデザイン／本田いく

この本の使い方

1　ひとりで脱ごうとする（2歳0ヶ月）

◎高橋先生のここがポイント

脱ごうとする行動は、1歳6ヶ月頃から現れる子も多いです。最初は簡単な帽子や靴下などを引っぱって脱ぐ、という行動から始まります。せっかくかぶせた帽子をすぐに脱いでしまう行動は、大人にとっては厄介かもしれませんが、自分で脱げることに気づいた子どもの成長を喜んでやってください。最初のうちは子どもが扱いやすい素材や形の衣服を用意し、大人が少し手伝うなどして「できた」という達成感を味わわせます。

自立へのステップ①　自分でやりたい気持ちを大切に援助する

「一緒にやってみよう」「ひとりでできたね」「上手だね」とほめて自信につなげましょう。成功できるように動きを誘導し、達成感をもたせます。

自立へのステップ②　脱ぎやすい服を準備する

半ズボン、半袖シャツ、パジャマのような伸縮性のあるもの、最初はボタンがなく、ズボンはゴムのものがよいでしょう。

90

自立へのステップ③　十分な時間を用意する

ゆったりとした気持ちで接する時間にやってみましょう。日常生活で服を脱ぐ機会、たとえば風呂に入るときや外から帰ってきたときにやってみます。

自立へのステップ④　できないときは手伝う

大人が背後で子どもの腕に手を添えて、具体的に言葉で誘導しながら、一緒に動かします。できたら「できたね」と一緒に喜びましょう。

ありがちな↓つまずき↓自分で脱ごうとしない

脱ごうとしない子には「自分で脱いでみよう」と声をかけて誘導します。人形のきせかえごっこで着替えに興味をもたせてもいいでしょう

91

❶谷田貝公昭らによる基本的生活習慣に関する発達基準の調査研究（2019年）※から判明した、自立の標準年齢を指標にしています。

❷指標が自立するまでに必要な大人のかかわり方の総評をポイントとして最初に述べています。

❸この指標に到達するためのとりくみについて、大人のどんな手助けが必要か、自立へのステップとして順を追って紹介しています。

❹親しみやすい絵をふんだんに使い、大人の手助けの方法をわかりやすく解説しています。

❺ありがちなつまずきや、こんなときどうする？といった場面想定もアドバイスしています。

※ 2019年2月～5月、東京、神奈川、埼玉の幼稚園、保育所、認定こども園、1歳から6歳までの1,094名を対象に調査。一般の発達検査作業の場合と同様に、同一年齢段階児の70～75%が「はい」と回答している場合自立しているとみなし、その年齢を標準年齢と定めている。

◎各章最終ページに谷田貝公昭先生のコラムを掲載しています。

基本的生活習慣の重要性

人間として自立と自律するための第一歩

幼児期に確実に身につけておかないと、それ以後の生活に支障をきたすといわれていることの一つに基本的生活習慣があります。具体的には、食事、睡眠、排泄、着脱衣、清潔の５つの習慣です。

人は社会に生まれたときから、社会的関係の中で成長発達をしているのです。したがって、社会人として最低限遵守しなければならない規律と、この社会で誰もが習得しておかなければ健全な生活を送ることができない習慣との二者を基本的生活習慣と呼んでいます。すなわち、日常生活の最も基本的なことがらに関する習慣のことです。

基本的生活習慣とは、本質的に人間である以上、民族、人種を問わず身につけなければならない習慣でもあります。この世に誕生した限り、その人間は、この社会の要求する習慣を身につける必要があります。また、自分自身を円満に成長発達させるためにも、この基本的生活習慣を確実に習得することが要求されるのです。

以上のように、基本的生活習慣は、生活に絶対に欠かすことのできないのはもちろんですが、幼児の心身の発達の基礎でもあり、幼児教育の必要性の課題の一つでもあります。

子どもの現状は

ところが、現代の子どもの中には、基本的生活習慣が身についていない者が少なくないということが、話題になって久しくなります。要するに、幼児期に確立しなければならない習慣が確立しないまま、小学校へ就学し、中学校、高等学校、場合によっては大学にまでいっているのが現実です。具体的にいいますと、箸をまともに持って使えない、自律起床ができない、排便の習慣が確立していない、ひもが結べない、ボタンがとめられない、顔が洗えない等等です。

基本的生活というものは、その国の民族や社会が、長い間かかって自然に培ってきたものです。そして、その変化のプロセスで発生するゆがみが、最も弱いところに表れることに、大人の多くは気づいていないのです。現代の子どものさまざまな問題行動も、もとはといえば基本的生活習慣が確立していないための生活リズムの乱れの一つの現象ともいえましょう。

この習慣が自立しないということは、親の養育態度に最大の問題があるとみて間違いなさそうです。親の関心が、こうしたしつけより何か違った方向へいっている証拠といえましょう。なぜなら、この習慣が自立していくためには、なんとしても周囲の大人、特に親の援助、指導が不可欠だからです。

基本的生活習慣とは、一つの文化であり、それが自立するということは、自分の国の文化に適応していくことを意味します。アメリカの発達心理学者であるゲゼルのいう「文化適応」です。そう考えますと、現代の子どもは、「文化不適応」を起こしている者が少なくないといえます。

基本的生活習慣の自立の標準年齢

年齢	食事の習慣	睡眠の習慣	排泄の習慣	着脱衣の習慣	清潔の習慣
1歳0ヶ月	自分から食べようとする コップやスプーンを使いたがる コップで自分で飲む いただきますを言う 好き嫌いがある	パジャマに着替えて寝る 無灯で寝る			毎日風呂に入る
6ヶ月					外から帰ったら手を洗う
2歳0ヶ月	コップでこぼさず飲める スプーンで自分で食べる ごちそうさまを言う			ひとりで脱ごうとする	
2歳6ヶ月	箸のわしづかみがなくなる			ひとりで着ようとする パンツを自分で脱げる 靴を自分ではける	
3歳0ヶ月			付き添えば小便ができる	パンツを自分ではける 靴下を自分ではける	自分で手を洗う 石鹸を使って手を洗う
3歳6ヶ月	箸を使いたがる		日中のおむつの終了 付き添えば大便ができる 自分で小便ができる	Tシャツを自分で脱げる Tシャツを自分で着られる 衣服の両袖が正しく通せる 帽子を自分でかぶれる	
4歳0ヶ月		自分でパジャマに着替える	自分で大便ができる 就寝前にトイレに行く	前ボタンを自分でかけられる 自分で衣服を脱ぐことができる 自分で衣服を着ることができる	
4歳6ヶ月	スプーンやフォークで こぼさず食べる	昼寝が不要となる	夢中粗相の消失	前ファスナーを自分ではめられる	汚れた手を自分から洗う
5歳0ヶ月	いつも箸を使う	おやみなさいの挨拶をする	夜間のおむつの終了 排泄後、紙で拭ける		いつも自分で歯磨きをする いつも自分で鼻水を拭く
5歳6ヶ月	最後までひとりで食事ができる				
6歳0ヶ月					
6歳6ヶ月	箸でこぼさずに食べられる 箸を正しく持てる		就寝前自分からトイレに行く		自分で体を洗う
6歳11ヶ月までに自立しない項目	箸やスプーンと茶碗を両手で持って食べる	添い寝が不要になる おはようございますの挨拶をする	和式トイレ・洋式トイレのどちらも自分で使える	袖口のボタンを自分でかける 靴ひもなどを花結び（ちょう結び・リボン結び）にする	言われなくても自分から顔を洗う 毎食後の歯磨き 言われなくても歯を磨く 食事前の手洗い 外から帰ってうがいをする 自分で髪をとかす ひとりで風呂に入る 自分で洗髪をする

1章　食事

毎日の食事で少しずつ身につける食事の習慣。
大人が見本になりながら、根気よく、楽しく指導します。

食事の習慣の自立の標準年齢

年齢	習　　慣
1歳0ヶ月	自分から食べようとする　コップやスプーンを使いたがる　コップで自分で飲む いただきますを言う　好き嫌いがある
1歳6ヶ月	
2歳0ヶ月	コップでこぼさず飲める　スプーンで自分で食べる　ごちそうさまを言う
2歳6ヶ月	箸のわしづかみがなくなる
3歳0ヶ月	
3歳6ヶ月	箸を使いたがる
4歳0ヶ月	
4歳6ヶ月	スプーンやフォークでこぼさず食べる
5歳0ヶ月	いつも箸を使う
5歳6ヶ月	最後までひとりで食事ができる
6歳0ヶ月	
6歳6ヶ月	箸でこぼさずに食べられる　箸を正しく持てる
6歳11か月までに自立しない項目	箸やスプーシと茶碗を両手で持って食べる

谷田貝公昭、高橋弥生『基本的生活習慣の発達基準に関する研究―子育ての目安―』一藝社、2021年

1　自分から食べようとする（1歳0ヶ月）

◎髙橋先生のここがポイント

離乳食が進むにつれて、子どもは食べ物に手をのばすようになります。食べる意欲が出てきた証拠ですから、自由に手を出せるようにしてやります。ただし、熱いものには気をつけてください。最初はうまく口に運べず、ただ汚すだけ、食べ物をムダにするだけ、と感じるかもしれませんが、子どもの意欲を大事にします。自分で食べているという満足感を感じるようにしながら、大人はタイミングを見て食べ物を子どもの口に入れるようにします。

自立へのステップ①　静かな場所で授乳する

授乳の時間は静かな場所で目と目を合わせ、話しかけしながら一対一で授乳しましょう。スマホをしながらではなく、子どもの様子に集中します。

自立へのステップ②　離乳食の介助

生後5ヶ月頃からはじまる離乳食は、ひと口量をスプーンにのせます。スプーンの先を下唇に当てて、子どもが自分から取り込めるのを待ちます。

自立へのステップ③　手づかみで食べる楽しさを教える

手づかみ食べは「自分で食べる楽しさ」を実感する大切な成長過程で、手指の発達にも欠かせません。汚れるからとやらせないのはよくありません。

自立へのステップ④　食事のときの座り方

子どもに合った椅子を選びます。足の裏が床につき、背中からおしりのラインがまっすぐになるように座らせます。

こんなとき どうする？ 自分から食べようとしない

食事前におなかが空くような生活リズムをつけることが大切です。日中は室内だけでなく、なるべく外で体を使った遊びをしましょう。

1章 食事
2章 睡眠
3章 排泄
4章 着脱衣
5章 清潔

2　コップやスプーンを使いたがる（1歳0ヶ月）

◎髙橋先生のここがポイント

　離乳食を食べさせてもらっている子どもは、大人が使っている食具をよく見ています。そして自分でも使いたいという気持ちが出てきます。最初はうまく使えませんので、口に入れることもできなければ、ほとんどこぼしてしまうことになりますが、「自分で使いたい」という気持ちを大事にしてやってください。子どもには安全な子ども専用の食具を持たせて、食べさせる大人は別の食具で子どもに食べさせると良いです。

自立へのステップ①　安全な食具を選ぶ

子どもの発達時期に合わせて、形状と素材、重さ、機能性を選びます。この時期はぶつけたり落としたりしても安全な食具を選びます。

自立へのステップ②　利き手にこだわらない

脳の働きは進化の過程です。右手も左手も使ったりしながら、だんだんと利き手がはっきりしてきます。利き手にこだわらず、子ども自らが手を動かすことを大切にしましょう。

自立へのステップ③　少量からはじめる

飲み物も食べ物も、子どもの口に合わせた分量よりも気持ち少なめからはじめます。子どもの口の動き、手の動きを見ながら量を調節します。

自立へのステップ④　自分の食具を用意する

大人と兼用のものではなく「自分専用の物」を感じられるように、子ども専用の食具を用意して、それを使わせるようにします。

こんなとき どうする？コップやスプーンをすぐ投げる

子どもが食具を投げても「ダメ」「やめて」と過剰に反応したり叱ったりしません。「ここに置いておこうね」と戻して対応します。

3　コップで自分で飲む（1歳0ヶ月）

◎髙橋先生のここがポイント

最近は、コップの使い始めとして、フタの一部がストローや吸い口になっており、傾けても液体がこぼれないものを使用する人が多いようです。持ち手がついているので子どもには安心して使えますが、普通のコップも使えるようにするのが良いです。子どもの手でもしっかり持てる大きさのコップを用意し、最初は少量の飲み物を入れて練習します。時にはこぼす経験も大切です。こぼすことでコップの傾け加減を自分で考えるようになります。

自立へのステップ①　使いやすいコップを選ぶ

子どもがコップを両手で包み込んで持てるように、小ぶりのサイズを選びましょう。コップは清潔に保ちます。

自立へのステップ②　両手でしっかりと持たせる

大人がコップを手渡します。両方の手のひらでコップを包み込むように指全体で、両手でしっかりコップを持たせます。

自立へのステップ③　最初は少し。だんだん増やす

コップに入れる中身はごく少量からはじめます。スプーン１さじから２さじと、様子をみて分量を調整していきます。

自立へのステップ④　モデリング（まねっこ）が大事

コップで飲む様子を見て興味を持つようになります。「はいどうぞ」「ごくごくおいしいね」子どもと向き合ってまねっこをくりかえしてみましょう。

こんなとき どうする？こぼすことも必要。おおらかな気持ちで

最初から上手に飲むことは難しいです。「こぼすことも大事な練習」と心得て、大人はおおらかに肯定的に温かく関わりましょう。

4　いただきますを言う（1歳0ヶ月）

◎髙橋先生のここがポイント

食事のときには、大人も一緒にいただきますをすることが大切です。離乳食の頃から、食事を始めるときには必ず「いただきます」と声をかけてください。しっかりとした言葉で言えなくても、おじぎをしたり、「まー」と言ったりするだけでも十分なのです。食べる前に「いただきます」を言う習慣を身につけることが大切なのです。大人だけで食べるときでも、子どもがそばにいる場合は「いただきます」を言い、手本をみせるようにします。

自立へのステップ①　大人が毎回声をかけて挨拶する

一緒に食卓に座り「○○ちゃん、ごはん食べましょう。いただきます」と、子どもの言葉を大人が言います。

自立へのステップ②　言葉以外に動作でもいただきます

「いただきます」と言いながら大人が軽く頭を下げる動作を見せます。子どももまねをして頭をちょこんと下げ「まー」と言うようになります。

自立へのステップ③　集中できるように食卓の上を整える

食事に集中できるように、食事以外のものはテーブルの上に置かないように整えておきましょう。

ありがちな ⬇つまずき⬇ 遊びの延長で食事がはじまってしまう

手を洗ったり、おしぼりで手を拭いたりしながら「お腹すいたね、ご飯にしようね」と、口にした言葉と行動を合わせながら食事をするようにします。

5　好き嫌いがある（1歳0ヶ月）

◎髙橋先生のここがポイント

1歳頃の好き嫌いは、咀嚼（そしゃく）や嚥下（えんげ）が上手にできないことが影響している場合が多いものです。モグモグ・ゴックンがしっかり身につくように、大人は子どもと向かい合って口を動かして見せます。また、ひと口の量にも気をつけて、口の中に詰め込まないようにしてください。味覚の発達とともに、味に対する抵抗感から食べるのを嫌がることもあります。大人が一緒においしそうに食べながら、色々な味に慣れるようにしてください。

自立へのステップ①　一緒においしそうに食べる

家族の笑顔が第一の栄養です。一緒に食べたり、食べさせるときには、大人が子どもの気持ちを言葉や表情で共感することも大切です。

自立へのステップ②　いろいろな味に慣れる

スプーンや手づかみでかんたんに食べられるように、おかずをバラエティ豊かに工夫しましょう。いろいろな食材を試してみます。

自立へのステップ③　お腹が空くリズムを作る

AM10:00

食事の時間にはお腹がきちんと空くようにします。午前中は戸外の散歩やお買い物など、お日様を浴びながら体を動かしましょう。

ありがちな
⬇つまずき⬇特定のものをいやがるとき

味覚が発達していないため、好みも変わっていきます。食べないからもうあたえない、ということではなく間をあけて繰り返し食べる機会をつくっていきましょう。

6　コップでこぼさず飲める（2歳0ヶ月）

◎髙橋先生のここがポイント

２歳頃になったら、ストローなどがついているコップではなく、普通のコップでもこぼさずに飲めるようにしてください。最初のうちは少量から始め、もっと飲みたがる時はおかわりで対応します。こぼさずに飲むには、コップを傾ける角度やそっと傾ける動作、という微妙な加減が必要になります。これは子ども自身が経験をしながら身につけるものなので、こぼしても叱らず、子どもが何度も試すことができるようにしてください。

自立へのステップ①　少量からはじめる

コップの３分の１ぐらいの量を入れましょう。飲みきって「からっぽ」や「おかわり」を要求したらまた３分の１ぐらいの量を入れましょう

自立へのステップ②　コップの傾け方を教える

最初は大人がコップの底に手を添えて、子どもがあたかも自分で傾けているように調整しましょう。徐々に塩梅（あんばい）がわかるようになります。

自立へのステップ③　こぼすことも必要

口からこぼれたり、手や洋服が濡れる感覚を感じることも大事な経験です。繰り返しながら上手に飲めるようになります。

ありがちな ⬇つまずき⬇「こぼさないように」しない

「こぼさないように」するよりも「こぼしても大丈夫」と、のんびりかまえましょう。

●いつもコップでこぼさずに飲む割合（%）

時期	男子	女子	全体
1歳0ヶ月～5ヶ月	43	38	40
1歳6ヶ月～11ヶ月	63	56	59
2歳0ヶ月～5ヶ月	83	88	86
2歳6ヶ月～11ヶ月	100	85	88
3歳0ヶ月～5ヶ月	85	100	92
3歳6ヶ月～11ヶ月	82	89	86
4歳0ヶ月～5ヶ月	92	93	92
4歳6ヶ月～11ヶ月	95	96	96
5歳0ヶ月～5ヶ月	95	99	97
5歳6ヶ月～11ヶ月	97	99	98
6歳0ヶ月～5ヶ月	98	98	98
6歳6ヶ月～11ヶ月	99	100	99

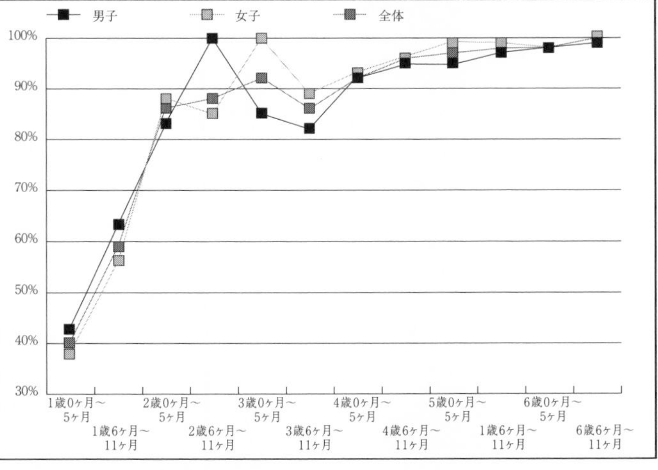

谷田貝公昭、髙橋弥生『基本的生活習慣の発達基準に関する研究―子育ての目安―』一藝社、2021年

7　スプーンで自分で食べる（２歳０ヶ月）

◎髙橋先生のここがポイント

スプーンでの食事は手づかみ食べの次の段階です。スプーンは初めて使う食具でもありますので、子どもが使いやすい素材や大きさのものを用意してください。最初は上から握るように持つ子どもが多いです。まずは自分で食べる意欲を大切にしてください。スプーンを使うことに慣れてきたら、下から握る持ち方に変えていきます。さらに、①のイラストのように持ち方を少しずつ指導してください。これは、次の箸の持ち方にもつながります。

自立へのステップ①　スプーンの持ち方の発達段階

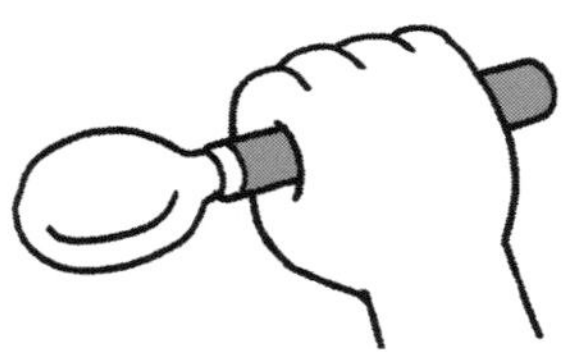

１上握り
（1歳～1歳６ヶ月頃）
手のひら全体で握る

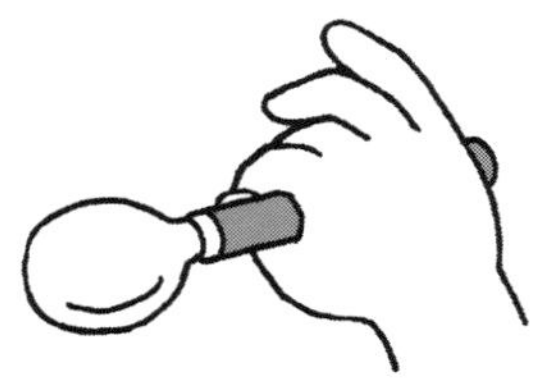

２指３本の上握り
（1歳６ヶ月～２歳頃）
親指、人差し指、中指の３本を使いスプーンを握る

３下握り
（1歳６ヶ月～２歳頃）
下から握る。または、親指、人差し指、中指の３本を使ってしたから握る

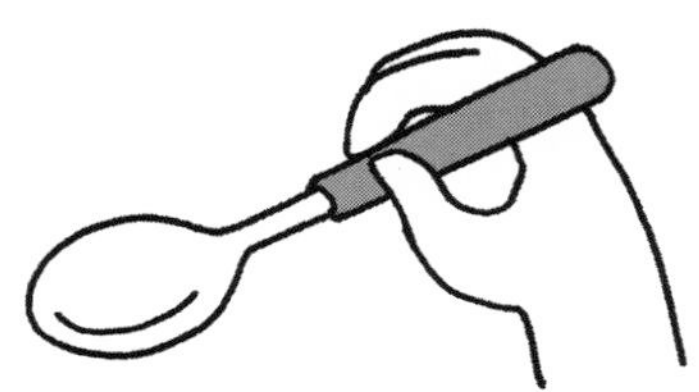

４鉛筆握り（2歳頃～）
鉛筆の持ち方でスプーンを持つ

自立へのステップ②　こぼしてもよい環境づくり

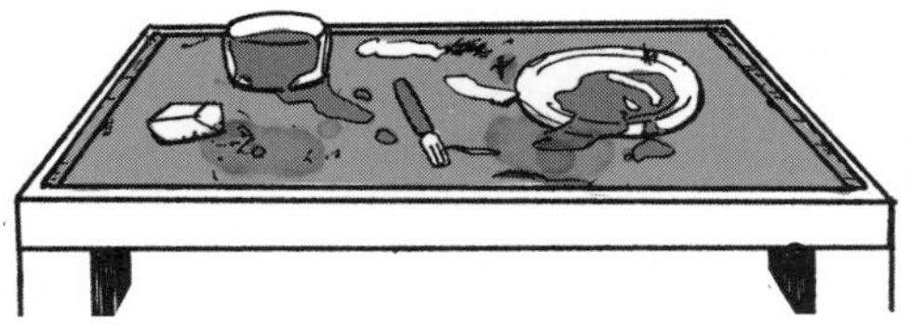

まだまだ食べこぼしをする時期です。食卓の下に新聞紙やレジャーシートを敷いてもいいでしょう。

ありがちな ⬇つまずき⬇スプーンを持ちたがらない

積み木やブロック遊びは手指の動きの発達を促します。子どもの様子から原因を探り、叱らない、焦らないでかかわりましょう。

8　ごちそうさまを言う（2歳0ヶ月）

◎髙橋先生のここがポイント

「ごちそうさま」は食事の時間とそれ以外の時間との区別をつけるためには大切な挨拶になります。ごちそうさまを言わずにだらだらと遊び始めてしまったり、遊びながら食べたりすることは、食事の習慣として好ましくありません。年齢にかかわらず30分程度の時間がたつと満腹感が出てきます。そのため食事中はテレビや動画等を消して、食事に集中できる環境にすることも大切です。30分ほどでごちそうさまをして、食事終了のけじめをつけます。

自立へのステップ①　食事の終わりをはっきりさせる

ダラダラ食べにならないよう最後にお茶を飲ませるなどして「ごちそうさまだね」と言い、食事の終わりを子どもに意識させます。

自立へのステップ②　大人が毎回声をかける

「おいしく食べたね、おしまいね」と毎回大人が声をかけて、一緒にごちそうさまの挨拶をしましょう。

自立へのステップ③　食事時間の目安は40分まで

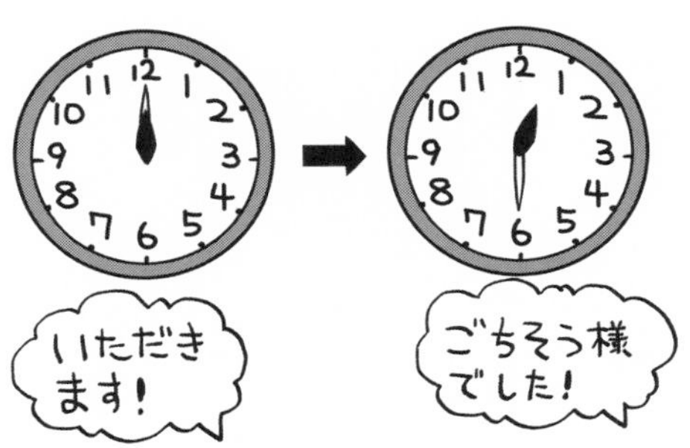

食事時間は20～30分程度、ゆっくり食べる子でも40分程度です。それ以上は時間がかかりすぎているので切り上げます。

さらなるステップ!! 家族全員で「ごちそうさま」を言う

乳幼児と大人の食事時間を合わせるのは難しいですが、合わせる工夫も大切です。子どもの食事が終わったときに、一度ごちそうさまを言いましょう。

9　箸のわしづかみがなくなる（2歳6ヶ月）

◎髙橋先生のここがポイント

箸は操作が難しいですが、子どもにとっては興味深い食具です。スプーンに慣れて、下から持てるようになってくると、箸も同じように下から持てるようになります。子どもの手に合った箸を用意して、食卓にいつも並べてください。最初は２本をまとめて持ちますが、下から持つことに慣れるようにします。大人が手を添えて、正しい指の位置や持ち方を教えてください。この機会に大人も正しく持てるように意識するといいでしょう。

自立へのステップ①　手に合った箸を用意する

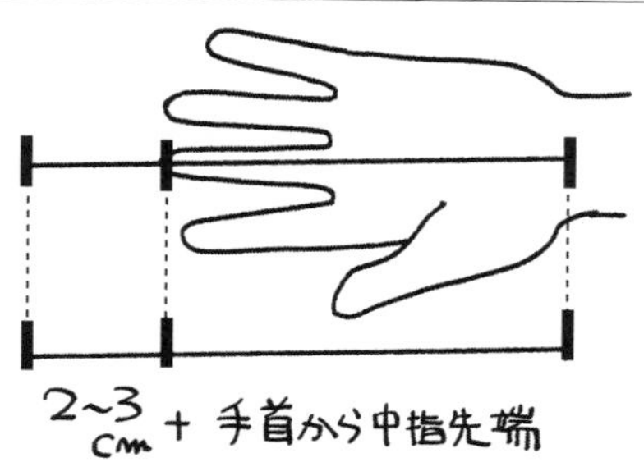

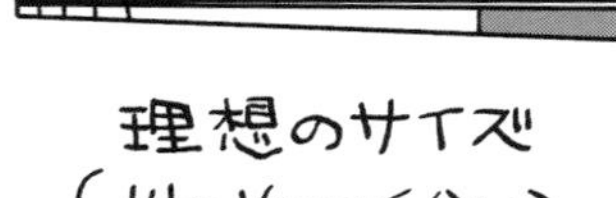

理想のサイズ
（14~16cmくらい）

子ども用の箸を用意します。箸の長さは、子どもの手首から中指＋２～3㎝程度が使いやすいです。
（全長 14㎝～ 16㎝くらい）

自立へのステップ②　手を添えて持ち方を教える

子どもが箸を持っているその手を包むようにして、大人が手を添えて箸を動かしてみせます。

手の２人羽織りのようなイメージ

自立へのステップ③　大人も正しく箸を持てますか

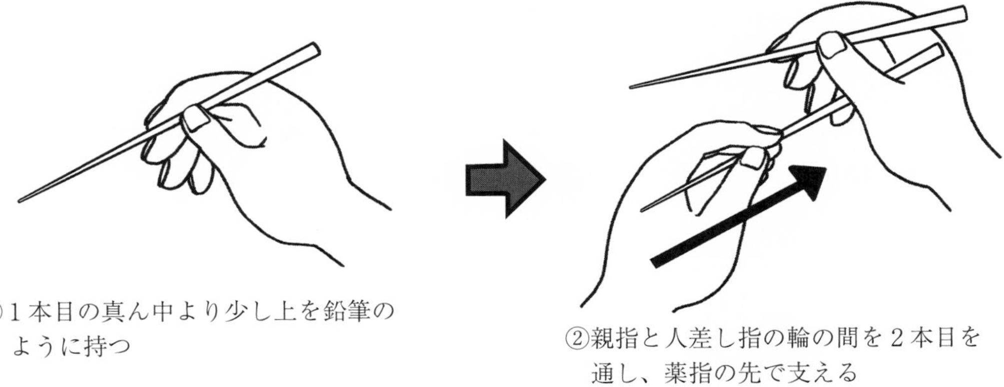

①1本目の真ん中より少し上を鉛筆のように持つ

②親指と人差し指の輪の間を2本目を通し、薬指の先で支える

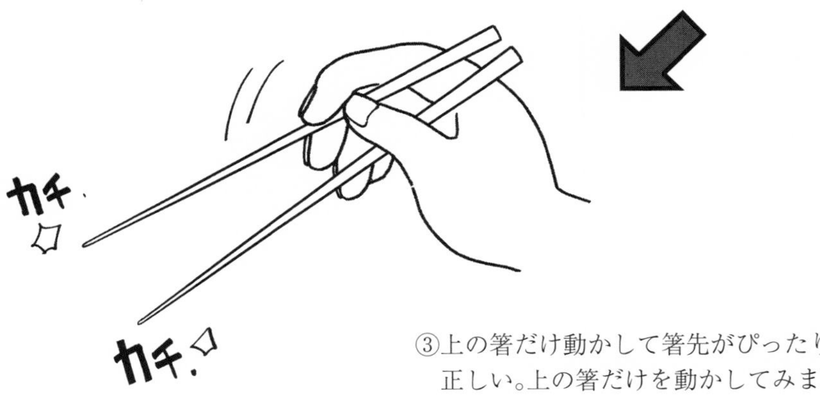

③上の箸だけ動かして箸先がぴったり合えば正しい。上の箸だけを動かしてみましょう。

こんなとき どうする？使いたがるときに使わせる

子どもの箸は食卓に用意しておきます。家族が持って使っているのをみて、箸に興味を持ち始めたら、いつから使ってもOKです。

10　箸を使いたがる（3歳6ヶ月）

◎髙橋先生のここがポイント

保育所ではこのくらいの年齢になると、箸だけで食事をするようになってきます。自宅でも子どもの箸を常備し、いつも箸で食事をするようにしてください。園のお弁当に持っていく食具も、徐々に箸に切り替えていくようにします。箸が使えるようになるまでには時間がかかります。大人が正しいモデルになると同時に、根気よく手を添えて教えるのが一番です。しつけ箸を使う家庭も多いですが、そういったグッズを使わなくても十分身につきます。

自立へのステップ①　きちんと座って食べる

椅子は足が床に付くように座り、猫背にならないように座ります。きちんと座ってお箸を使うようにします。

自立へのステップ②　箸を持ってふざけない

箸を振り回したら危険です。箸はおもちゃではないこと、食事の時はふざけないことを伝えましょう。

自立へのステップ③　上手に持てなくても大丈夫

箸がうまく使えずに、食べ物をこぼしたときは自分で拾って、お皿の端におくように教えましょう。

自立へのステップ④　まわりの大人が上手に使う

「百聞は一見にしかず」です。あれこれうるさく言わず、大人が正しくスマートで美しく箸を使う様子をみて「使ってみたい、ああなりたい」とあこがれを持つようになります。

11　スプーンやフォークでこぼさず食べる（4歳6ヶ月）

◎髙橋先生のここがポイント

こぼさず食べる、というのはマナーのひとつです。スプーンやフォークの使い始めの頃は、食べたい意欲を大切にするので、こぼすことは気にしません。しかし、この年齢になればスプーン、フォークの扱いも上手になり、正しく持てるようになっている子どもが多いものです。次の段階として、こぼさずきれいに食べる意識を育ててください。食事に意識が集中していないとこぼしやすくなります。落ち着いて食事ができる環境も大切です。

自立へのステップ①　正しい持ち方

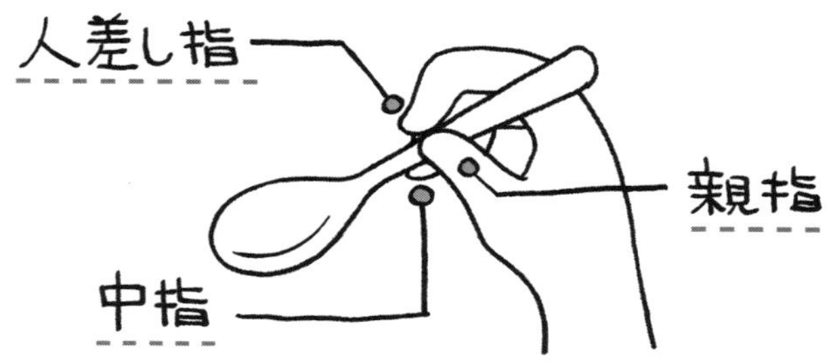

スプーンやフォークの正しい持ち方を教えます。親指と人差し指で柄の部分を持ち、中指で支えます。

自立へのステップ②　もう片方の手でお椀を持つ

利き手でスプーン・フォークを持ち、反対の手で器を持ちます。これが基本です。イラストは右利きの場合です。

自立へのステップ③　食事に集中できる環境づくり

子どもは一度にひとつのことしかできません。テレビや動画を消して、落ち着いて食事ができる雰囲気を作りましょう。

自立へのステップ④　音を立てない

歌ったり、大声を出したりせず、スプーンやフォーク、食器をていねいに扱います。食べる音や食器の音を出さないようにします。

ありがちな ⬇つまずき⬇ ふざけてこぼしたりする

食事は「一つ屋根の下で良いことをする」と書きます

食事は栄養だけではなくコミュニケーションの場です。周囲の人への気配りも育てていきましょう。

12　いつも箸を使う（5歳0ヶ月）

◎髙橋先生のここがポイント

現代の小学校の給食では、基本的には箸を使います。入学までに箸を使って食事ができるようになるためには、毎食箸を使って食事をすることが大切です。使えるようなれば苦も無く食事ができますが、苦手な子どもはスプーンやフォークを使いたがります。大人が上手に使う姿を見せたり、手を添えて一緒に練習をしたりします。叱るのではなく、楽しく食事をすることを大切にしてください。

自立へのステップ①　箸を必ず使わせる

食事のときはお箸を使うようにします。食卓には必ず箸をおき、スプーンやフォークを最初に渡さないようにします。

自立へのステップ②　家族が積極的に箸を使う

一緒に食事をする家族が箸を使う姿に触れることで、子どもも「自分も使ってみたい」というように興味や意欲が育ちます。

自立へのステップ③　自分の箸を配膳する

箸や器の置き場所には決まった場所があります。子どもに配膳させてみましょう。箸置きを用意するのもとても効果的です。

ありがちな⬇つまずき⬇食事の途中でスプーンを要求する

最後までお箸を使わせるようにしたい年頃です。スプーンで食べるごはんはシチューやカレー、それ以外はお箸のほうが使いやすいよ、と教えましょう。

13　最後までひとりで食事ができる（5歳6ヶ月）

◎髙橋先生のここがポイント

5歳半にもなれば、食事にかける時間の平均は30分程度です。そのくらいの時間内に、大人の手を借りず最後まで食べ終わることができるようになるには、食事に集中できる環境が大切です。時間をかけて食事をしていると、途中で満腹になり最後まで食べられなくなることもあります。また、大皿盛りにすると食べ終わりが分かりづらいので、子どもの食事は個別に盛り付けます。子どもの食べる量に合わせて、30分ほどでひとりで食べ終わるようにしてください。

自立へのステップ①　いただきます、ごちそうさまで食事の区切りをつける

いただきますの前の準備、ごちそうさまの後の片付けを子どもにやらせて食事の時間にメリハリをつけましょう。

自立へのステップ②　五感を大切にする

食事は五感（視覚・聴覚・嗅覚・味覚・触覚）をフル回転させる大事な時間です。集中できるようテレビや動画は消しましょう。

自立へのステップ③　口の中に食べ物が入っているときはしゃべらない

「口の中が空っぽになったら話そう」「ゴックンしてから」と教えましょう。聞くときは、子どもの顔を見ながら聞きましょう。

ありがちな ⬇つまずき⬇ 食事を食べきることができない

食べきれないときは、ご飯の量を調整しましょう。足りなければおかわりするくらいがちょうどいい量です。

14　箸でこぼさずに食べられる（6歳6ヶ月）

こぼさずに食べることはマナーの基本になりますが、同時にイラストにあるような「忌み箸」についても子どもと一緒に食事の時に気をつけるようにしておくと良いです。あらためて覚えるのではなく、日々の生活の中で身につけるようにします。（髙橋先生）

涙箸

箸先から汁物などの汁をポタポタ落とすこと

迷い箸

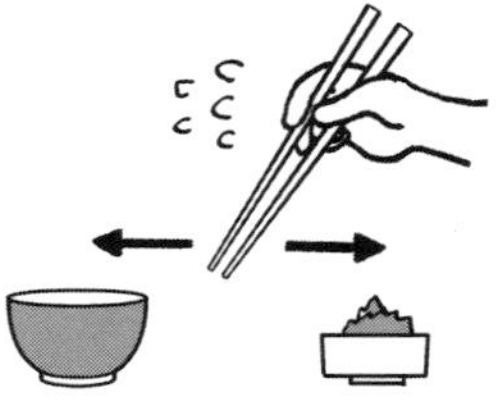

どれを食べようか迷って箸を食べ物上を皿から皿へあちこち動かす

あげ箸

口より上に箸を上げること

踊り箸

おしゃべりに夢中になり箸を持ったまま振り上げること

刺し箸

食べ物を箸で刺して取ること

逆さ箸

大皿や鍋料理などを取りわける際に箸を上下逆さにして使うこと

指し箸

箸で人を指すこと

寄せ箸

器を箸で引き寄せること

もぎ箸

箸についた食べ物を口でなめたりもぎとること（ねぶり箸）

なぶり箸

何も食べていないのに箸だけくわえてなめること

たたき箸

箸で食器等をたたいて音を出し人を呼ぶこと
※例外：東大寺二月堂の修二会で食膳を箸でたたくしきたりがある

そろえ箸

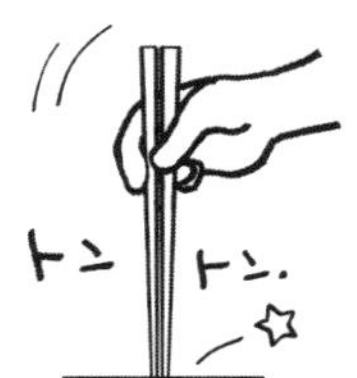

箸先を打ち付けてそろえること

押し込み箸

口に入れた食べ物を
箸でさらにおしこむこと

かき箸

器のふちに口をあてて箸でかきこむ
こと。また、箸で頭をかくこと

渡し箸

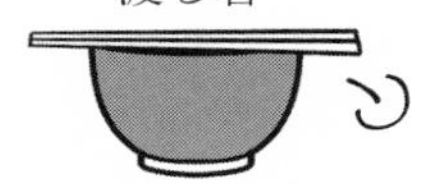

食事の途中で器に
箸を置くこと

立て箸

箸をご飯につきさすこと

探り箸

汁椀の底に具が残って
いないか、箸でかきまわして
探すこと

拝み箸

両手を合わせ親指で箸を
はさみ、拝むように「いただき
ます」をすること

洗い箸

食事の途中で汁物で
箸の先を洗うこと

受け箸

箸と器を持ったまま
おかわりをすること

くわえ箸

箸先を口でくわえたまま
器をもつこと

握り箸

箸を持ったまま
器を取ること

捨い箸

箸と箸で同じ物を渡すこと
別名「箸渡し」「合わせ箸」

落とし箸

箸を落とすこと

移し箸

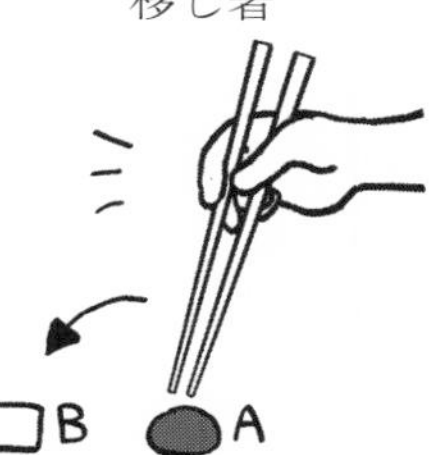

Aを取りかけてから
Bを取ること

15　箸を正しく持てる（6歳6ヶ月）

◎髙橋先生のここがポイント

箸を正しく持つことに対する意識は、以前より高くなっています。しかし、正しく持つための指導については困っている大人が多いようです。そのため、しつけ箸を使って子どもに練習をさせる家庭も多いようです。ただし、しつけ箸を使わなければ箸が使えるようにならないわけではありません。子どもの箸の上達には段階があります。イラストを参考に、手を添えて指導してください。大人が正しく持っていると、意外とスムーズに覚えるものです。

自立へのステップ①　箸の正しい持ち方

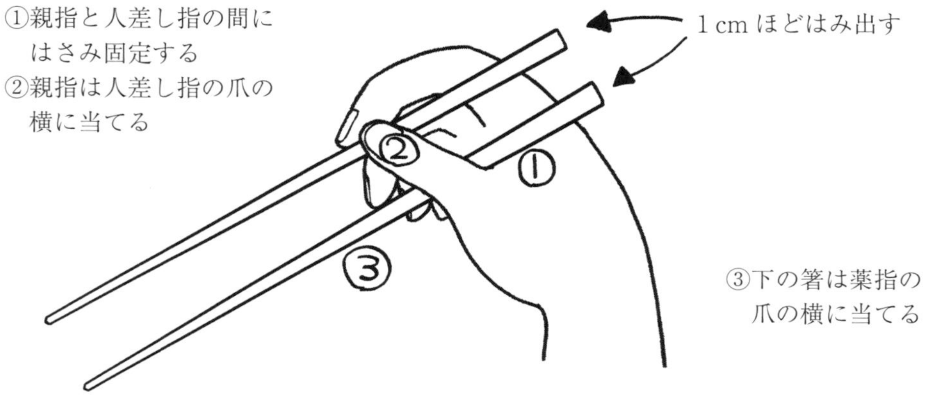

※動かすのは上の箸だけ

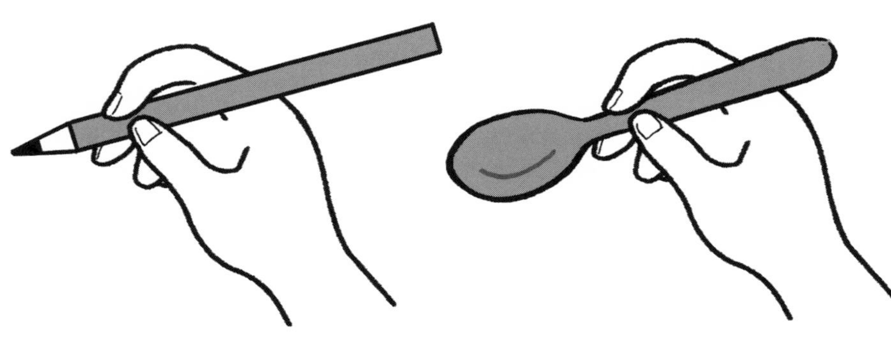

下の箸を一本抜くと
「鉛筆持ち」になる

自立へのステップ②　箸の持ち方の発達

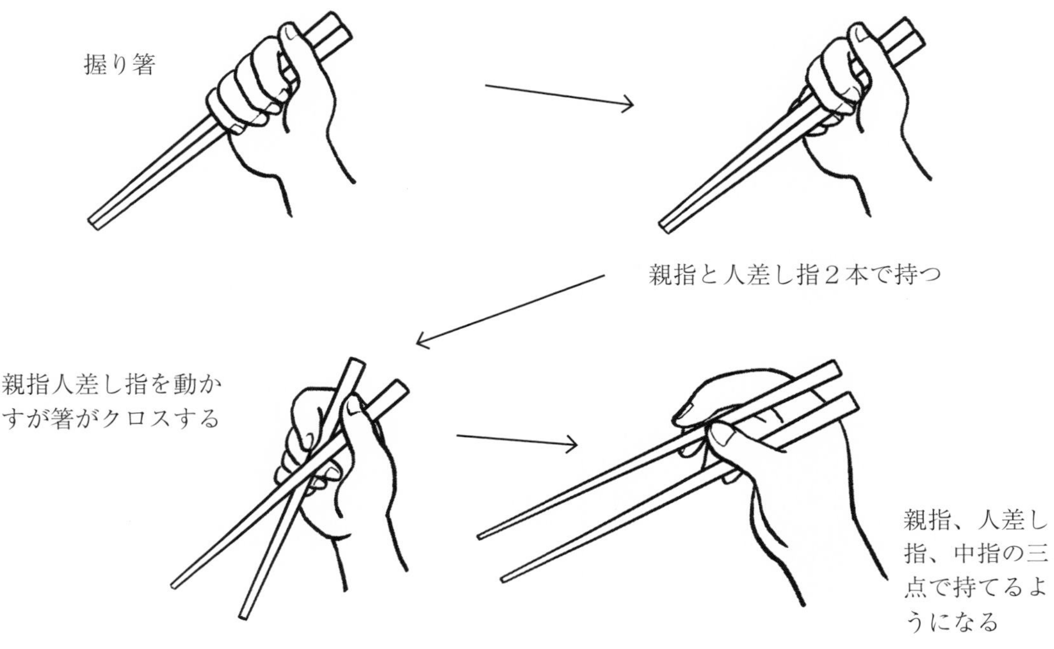

●いつも箸を正しく持って使っている割合（%）

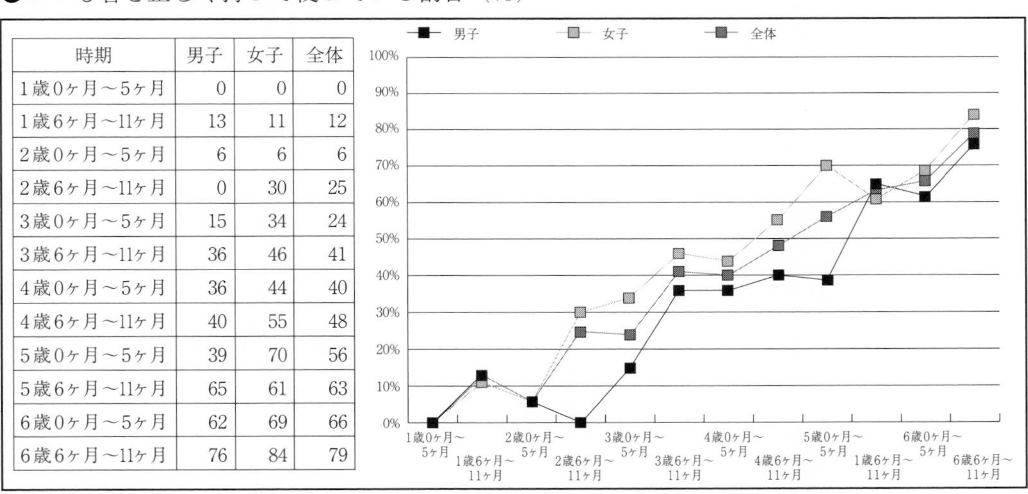

時期	男子	女子	全体
1歳0ヶ月～5ヶ月	0	0	0
1歳6ヶ月～11ヶ月	13	11	12
2歳0ヶ月～5ヶ月	6	6	6
2歳6ヶ月～11ヶ月	0	30	25
3歳0ヶ月～5ヶ月	15	34	24
3歳6ヶ月～11ヶ月	36	46	41
4歳0ヶ月～5ヶ月	36	44	40
4歳6ヶ月～11ヶ月	40	55	48
5歳0ヶ月～5ヶ月	39	70	56
5歳6ヶ月～11ヶ月	65	61	63
6歳0ヶ月～5ヶ月	62	69	66
6歳6ヶ月～11ヶ月	76	84	79

谷田貝公昭、髙橋弥生『基本的生活習慣の発達基準に関する研究―子育ての目安―』一藝社、2021年

16　箸やスプーンと茶碗を両手で持って食べる（6歳11ヶ月までに自立しない）

◎髙橋先生のここがポイント

食事をするときに、片手に箸、もう一方の手に茶碗を持つ動作は、協応動作といって脳をたくさん働かせる動作です。協応動作は、折り紙を折る、はさみで紙を切るなど、生活の中にたくさんあります。しかし、最近の子どもの様子を見ると、食事の時に茶碗やお椀を持たずに食べている姿が見られます。プレートのようにひと皿にご飯もおかずも盛りつけると、片方の手を使わない場合が多くなりますので、和食の時はイラストを参考にして食卓を整えるとよいです。

自立へのステップ①　配膳の仕方

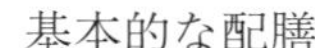
基本的な配膳

日本人の伝統的な食文化である和食は世界遺産に登録されていますが、箸も日本文化の代表といえるでしょう。持ち方や配膳にも目を向けてみましょう。箸や器には決まったおく場所があります。手に取りやすい手前にご飯が左、汁物は右です。

こんなとき　どうする？食べるときの姿勢が悪い

子どもの体に合った椅子、テーブルかどうか確認します。正しく椅子に腰掛け、背筋を伸ばして座らせます。

ミニコラム

箸を使うのは運命的

世界中の人々の食事の仕方は、大雑把にいって、三通りあります。手づかみで食べる人たち、フォークとナイフとスプーンで食べる人たち、そして箸で食べる人たちです。その割合は４対３対３くらいです。箸は1300年以上も伝統を持つ、わが国の代表的な文化のひとつです。しかも、食事の仕方は文化のひとつですから、日本人が箸を使って食べるのは運命的だといえます。

コラム
―食事―

食事の習慣

食事の習慣には、どんなことがあるでしょうか。思いつくままにあげてみます。いただきます、ごちそうさまの挨拶、茶碗や箸の持ち方、好き嫌いをしない、食事中に歩き回ったり、大声で騒いだりしない、口に食べ物を入れたまま話をしない、肘をついて食べない、迷い箸をしない、食べ残しをしない等々、その内容は多岐にわたります。大切なことは、こうしたマナーが、子どもたちに習慣として身についているかどうかということです。現代の子どもたちを見ていますと、大変怪しいといえます。例えば、めちゃくちゃな箸の持ち方、使い方のために、無様に顔を食器に近づけて食べる「犬食い」などはどこにでも見られることです。

なんのためのマナー

結論からいいますと、食事を楽しくするために必要なことだといえます。要するに一緒に食事をする人に不快な感じを与えないために長い間に形成された約束事、それが食事のマナーだといえます。別言すれば、人間は自分ひとりで生きているのではなく、社会の一員として生きていることを忘れてはなりません。

食事のマナー誰が教える？

作家の故・遠藤周作氏は、「ある人と食事して」と題し、テーブルマナーとは、食べ方を美しく見せる平均的やり方だとし、続いて「私は小学1、２年生に給食のとき、食べ方――つまり作法を教えるべきだという考えを持っている。どんなものを食べても品よく食べるのはやはり人間としての基礎的教養だからである」（読売新聞1980年7月9日夕刊）と話しています。しかし、食事のマナーは、本来家庭ですべきであって、いきなり学校に求めるものではないといえます。第一、先生だって怪しい人もいるのです。やはり、家庭とくに保護者の役割が極めて大きいといえます。

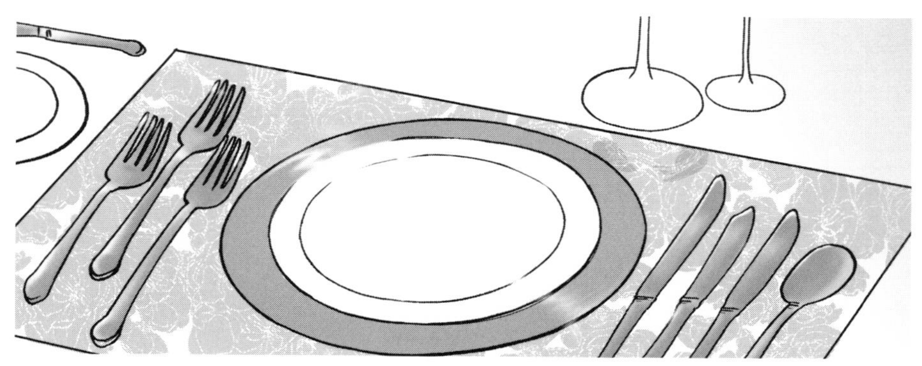

2章　睡眠

良い睡眠習慣はどうしたら身につくの？
昼寝はたくさんしたほうがいい？
子どもの睡眠について知りましょう。

睡眠の習慣の自立の標準年齢

年齢	習　慣	
1歳0ヶ月	パジャマに着替えて寝る	無灯で寝る
1歳6ヶ月		
2歳0ヶ月		
2歳6ヶ月		
3歳0ヶ月		
3歳6ヶ月		
4歳0ヶ月	自分でパジャマに着替える	
4歳6ヶ月	昼寝が不要となる	
5歳0ヶ月	おやみなさいの挨拶をする	
5歳6ヶ月		
6歳0ヶ月		
6歳6ヶ月		
6歳11か月までに自立しない項目	添い寝が不要になる	おはようございますの挨拶をする

谷田貝公昭、高橋弥生『基本的生活習慣の発達基準に関する研究―子育ての目安―』一藝社、2021年

1　パジャマに着替えて寝る（1歳0ヶ月）

◎髙橋先生のここがポイント

1歳頃になると昼と夜の生活の区別がつきます。昼は起きて遊んだり食事をしたりして活動する時間、夜は疲れを取るだけでなく心身の成長を促すためにしっかり眠る時間にしましょう。夜の睡眠は成長にとって重要な時間です。リラックスして熟睡できるように、清潔で着心地の良いパジャマに着替えて寝る習慣をつけましょう。また、パジャマに着替えることは、眠りに向かうという入眠儀式のひとつにもなります。

自立へのステップ①　睡眠儀式としてパジャマに着替える

就寝時はパジャマに着替えさせて、寝る時間が近づいてきたことを知らせましょう。

自立へのステップ②　赤ちゃんから幼児へ睡眠の変化

生活リズムが整ってきたら、夜間の睡眠にはパジャマに着替えるようにします。寝る前にパジャマに着替えることで、就寝リズムも整っていきます。

自立へのステップ③　入眠できる環境を整える

寝かせる場所はいつも同じにします。寝室の温度や湿度が高すぎたり低すぎたりしていないか気を配りましょう。

こんなとき どうする？寝汗がひどい

子どもは寝汗をかきます。パジャマは吸湿性・通気性がある肌触りのよいものにし、布団のかけすぎにも注意します。

●いつもパジャマに着替えて寝る割合（%）

時期	男子	女子	全体
1歳0ヶ月～5ヶ月	100	75	87
1歳6ヶ月～11ヶ月	100	100	100
2歳0ヶ月～5ヶ月	100	94	97
2歳6ヶ月～11ヶ月	100	100	100
3歳0ヶ月～5ヶ月	94	90	92
3歳6ヶ月～11ヶ月	100	98	99
4歳0ヶ月～5ヶ月	96	96	96
4歳6ヶ月～11ヶ月	99	98	98
5歳0ヶ月～5ヶ月	100	97	98
5歳6ヶ月～11ヶ月	98	98	98
6歳0ヶ月～5ヶ月	98	98	98
6歳6ヶ月～11ヶ月	94	100	96

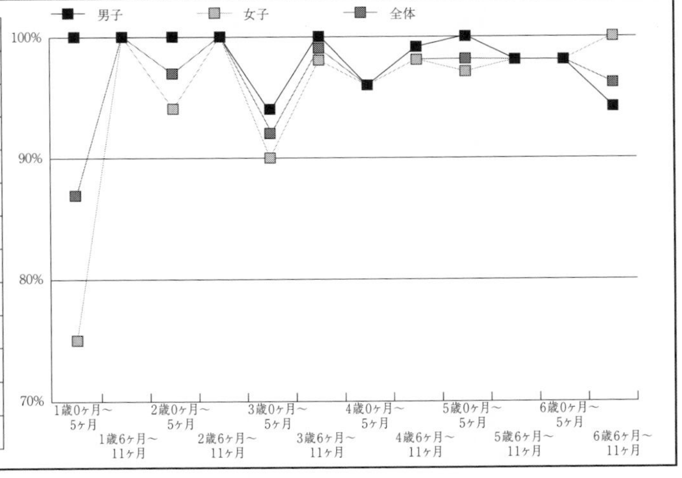

谷田貝公昭、髙橋弥生『基本的生活習慣の発達基準に関する研究―子育ての目安―』一藝社、2021年

2　無灯で寝る（1歳0ヶ月）

◎髙橋先生のここがポイント

１歳頃はまだ昼寝が必要です。しかし、昼寝は昼間の明るい時間の睡眠ですので、夜間の睡眠とは働きが違います。５歳頃までの期間はメラトニンという成長ホルモンが大量に分泌されますが、このホルモンは明るいと十分に分泌されません。ですから、夜間の睡眠の時は電気を消して暗い部屋で眠ることが大切です。メラトニンは睡眠を促すホルモンでもありますので、暗くすることでより良い睡眠がとれることになります。

自立へのステップ①　きまった時間に寝る準備をする

子どもの体内時計を整えるためにも毎晩きまった時間にやさしく声をかけて、寝室に連れていくようにしましょう。

自立へのステップ②　静かな寝室

寝室では静かに過ごし、大きな音や部屋の明かりで子どもを興奮させないようにしましょう。

自立へのステップ③　無灯にする

暗くするとメラトニンが分泌され、自然に眠くなります。身長は成長ホルモンの働きによって伸びますが、夜間睡眠時に最も多く分泌されます。

ありがちな
⬇つまずき⬇寝る前に動画をみる習慣がある

スマホ・パソコン・テレビなどのデジタル機器の液晶画面のブルーライトを浴びると脳がまだ昼間だと勘違いしてしまい、寝つきが悪くなります。寝室には持ち込まないようにしましょう。

●いつも消灯して寝る割合（%）

時期	男子	女子	全体
1歳0ヶ月～5ヶ月	86	88	87
1歳6ヶ月～11ヶ月	88	78	82
2歳0ヶ月～5ヶ月	83	94	89
2歳6ヶ月～11ヶ月	100	90	91
3歳0ヶ月～5ヶ月	82	79	81
3歳6ヶ月～11ヶ月	78	84	81
4歳0ヶ月～5ヶ月	87	82	85
4歳6ヶ月～11ヶ月	83	87	85
5歳0ヶ月～5ヶ月	86	86	86
5歳6ヶ月～11ヶ月	80	87	84
6歳0ヶ月～5ヶ月	89	88	88
6歳6ヶ月～11ヶ月	88	84	87

男子　女子　全体

100%　95%　90%　85%　80%　75%　70%

1歳0ヶ月～5ヶ月　1歳6ヶ月～11ヶ月　2歳0ヶ月～5ヶ月　2歳6ヶ月～11ヶ月　3歳0ヶ月～5ヶ月　3歳6ヶ月～11ヶ月　4歳0ヶ月～5ヶ月　4歳6ヶ月～11ヶ月　5歳0ヶ月～5ヶ月　5歳6ヶ月～11ヶ月　6歳0ヶ月～5ヶ月　6歳6ヶ月～11ヶ月

谷田貝公昭、髙橋弥生『基本的生活習慣の発達基準に関する研究―子育ての目安―』一藝社、2021年

3　自分でパジャマに着替える（4歳0ヶ月）

◎髙橋先生のここがポイント

４歳頃になると、自分で着替えができるようになります。パジャマも自分で着替える習慣をつけましょう。最初はボタンがついていないパジャマから始めると、自分で着替える気持ちになりやすいです。お風呂から出たらパジャマに着替える、といった手順を決めておくと習慣が身につくようになります。眠くなるとぐずって自分でやらなくなるので、寝る時間が遅くならないように気をつけましょう。

自立へのステップ①　パジャマの準備

「そろそろお風呂に入ろう」「パジャマの準備をしてね」と声をかけながら準備させましょう。

自立へのステップ② 自分で着替える

初めは手伝いながらズボンをはかせます。上着は前後を確かめてから着せます。スモールステップで子どもが自分でできることを増やしていきましょう。

ありがちな ⬇つまずき⬇着替えずに遊んでしまう

着替えずに寝てしまったら、大人が着替えさせます。着替えずに遊んでしまう場合にも、寝る時間であることを促して、様子を見て大人が手伝いながら着替えさせるとよいでしょう。

●いつも自分でパジャマに着替える割合（%）

時期	男子	女子	全体
1歳0ヶ月～5ヶ月	0	0	0
1歳6ヶ月～11ヶ月	13	1	12
2歳0ヶ月～5ヶ月	0	41	20
2歳6ヶ月～11ヶ月	50	40	42
3歳0ヶ月～5ヶ月	50	52	51
3歳6ヶ月～11ヶ月	64	79	73
4歳0ヶ月～5ヶ月	69	81	74
4歳6ヶ月～11ヶ月	81	83	82
5歳0ヶ月～5ヶ月	92	91	91
5歳6ヶ月～11ヶ月	93	88	91
6歳0ヶ月～5ヶ月	91	98	95
6歳6ヶ月～11ヶ月	93	92	92

男子 女子 全体

100% 90% 80% 70% 60% 50% 40% 30% 20% 10% 0%

1歳0ヶ月～5ヶ月 1歳6ヶ月～11ヶ月 2歳0ヶ月～5ヶ月 2歳6ヶ月～11ヶ月 3歳0ヶ月～5ヶ月 3歳6ヶ月～11ヶ月 4歳0ヶ月～5ヶ月 4歳6ヶ月～11ヶ月 5歳0ヶ月～5ヶ月 5歳6ヶ月～11ヶ月 6歳0ヶ月～5ヶ月 6歳6ヶ月～11ヶ月

谷田貝公昭、高橋弥生『基本的生活習慣の発達基準に関する研究―子育ての目安―』一藝社、2021年

4　昼寝が不要となる（4歳6ヶ月）

◎髙橋先生のここがポイント

体力がなく脳や自律神経の発達が未熟な3～4歳くらいまでは、昼寝は必要な睡眠です。しかし、4歳頃になると夜間にしっかり眠れるようになるので、昼寝が不要になります。小学校では午後も授業がありますので、昼寝の習慣が残っていると給食後に眠くなってしまいがちです。小学校に入るまでに昼寝の習慣をやめるようにしたいものです。昼寝をなくすには、夜間に十分な睡眠をとることが大切です。

自立へのステップ①　夜間に十分な睡眠時間をとる

人は朝起きてから15～16時間後に眠くなるよう体内時計が設定されています。朝6時に起きると夜9時には眠気を感じます。

自立へのステップ② 昼寝のしすぎは寝つきを悪くする

昼寝のし過ぎは夜間睡眠の妨げになります。昼寝をして就寝時刻が遅くなると、翌朝の起床時刻が遅くなるといった悪循環が生じます。

自立へのステップ③ 就学までには昼寝をやめる

昼寝の習慣が残っていると、小学校での午後の授業中に眠くなってしまいます。就学までに昼寝の習慣をやめるようにしましょう。

ありがちな ⬇つまずき⬇ 昼寝で睡眠時間を補う

子どもの脳を育て、脳を守るのに必要なのは夜間の睡眠時間です。夜の寝不足を昼寝で補充しても生活リズムを整えることはできません。

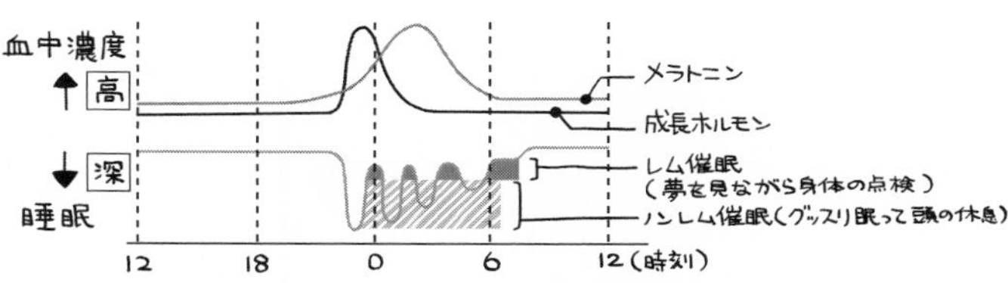

出典：神山潤『子どもの睡眠〜眠りは脳と心の栄養〜』芽ばえ社、2003年

5　おやすみなさいの挨拶をする（5歳0ヶ月）

◎髙橋先生のここがポイント

夜寝る前に「おやすみなさい」と挨拶をすると、眠りに向かうスイッチが入るものです。言葉がはっきりしない頃も、大人が「おやすみ」と声をかけ続けることが大切です。5歳頃になれば、言葉で「おやすみなさい」が言えるようになりますので、布団に入る前に大人から声をかけ、挨拶をするようにしましょう。毎日の就寝時刻を決めておき、その時間になったら親子で挨拶を交わすような習慣をつけましょう。

自立へのステップ①　布団に入る時間をきめる

成長ホルモンは午後10時から午前2時に分泌されるといわれています。布団に入る時間を午後8時から9時にきめましょう。

自立へのステップ②　「おやすみなさい」と大人が声をかける

「おやすみなさい」の挨拶は、睡眠儀式の一つです。初めは大人から声をかけて、子どもに挨拶を返させましょう。

自立へのステップ③　睡眠の時刻を知らせる

布団に入る時刻になったことを知らせ、寝床に連れていきます。毎日同じ時刻に声をかけると、時計を見て寝る時間になったことが分かるようになります。

自立へのステップ④　子ども自ら「おやすみなさい」を言い寝る準備をする

寝る時刻を告げると、子どもが自分から「おやすみなさい」と言えるようになります。寝室にお気に入りのぬいぐるみや絵本を用意し、入眠環境を整えましょう。

ありがちな
⬇つまずき⬇おやすみなさいを言わない

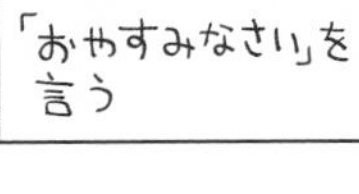

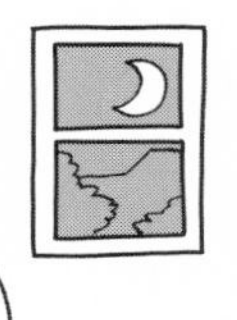

おやすみなさいの挨拶は、大人がやっている姿を見て子どもも自然にやるようになります。大人からやりましょう。

6　添い寝が不要になる（6歳11ヶ月までに自立しない）

◎髙橋先生のここがポイント

添い寝は子どもに安心感を与えますし、親子の幸せなスキンシップの時間にもなります。しかし、場合によっては子どもが危険な状況になったり、子どもの自立を妨げたりする可能性もあるものです。小学生になっても大人が一緒にいないと寝つけないというのでは困りますので、少しずつひとりで眠れるようにします。子どもは睡眠中よく動くので、実は添い寝をしないほうが親子ともに熟睡できるはずです。

自立へのステップ①　添い寝の危険

月齢の低いうちは親が熟睡して子どもを押しつぶしてしまう危険もあります。乳児は自分ではねのけることができないので、安全面も配慮しましょう。落下物にも要注意です。

自立へのステップ②　添い寝の効果

子どもにとって大人がそばにいると、体温を肌で感じ取れ安心して眠ることができます。大人も子どもの体調の変化に気づきやすくなります。

自立へのステップ③　就学までにはひとりで寝る

就学はひとりで寝るきっかけになります。子どもの成長だけでなく、その家庭に合った寝方をしていきましょう。部屋を用意したり、ベッドを用意したりするのもいいでしょう。

ありがちな ⬇つまずき⬇ 添い寝をしないと寝ない

添い寝をしなくなることで親の睡眠の質も上がります。添い寝をやめるきっかけをつくりやすいのは就学時です。子どもの成長を見守り自立を促していきましょう。

7　おはようございますの挨拶をする（6歳11ヶ月までに自立しない）

◎髙橋先生のここがポイント

おはようございますの挨拶は、小学生に入っても自分からできない子どもが多くいます。これは、寝起きが悪くて言えない場合もあれば、朝は大人が忙しくしていて「おはよう」の挨拶をしていない、ということも考えられます。しかし、挨拶はコミュニケーションの第一歩です。まずは家庭でしっかり習慣づけてほしいものです。朝、元気よく家族で挨拶をすれば、一日が明るい気持ちで始められます。

自立へのステップ①　家族間でおはようございますの挨拶をしているか

しっかりと目覚めさせ、一日の始まりであることを伝えるためにも、家族間で「おはようございます」の挨拶ができているか見直してみましょう。

自立へのステップ②　同じ時間に起床させる

きまった時間に大人が声をかけて子どもを起床させましょう。

自立へのステップ③　挨拶を返させる

大人から声をかけたら、挨拶を返させましょう。子どもは大人のやり取りを見てまねしながら育ちます。大人が手本となるよう心がけましょう。

自立へのステップ④　自分から挨拶ができるようになる

毎日同じことを続けていると、子どもは自分から「おはようございます」と言えるようになります。

こんなとき どうする？寝起きの機嫌が悪い

朝、機嫌が悪い子には、顔を洗ったり、冷たいタオルで顔を拭いたり、お茶を飲ませたりして目を覚めさせます。

8　早寝早起きする（項目外）

◎髙橋先生のここがポイント

早寝早起きは子どもの健康のみならず、大人にとっても健康を保つために大切です。共働きの家庭が増えるとともに、子どもの起床時刻は少しずつ早くなっているようですが、就寝時刻はそれほど早まっていません。つまり、子どもの夜間の睡眠時間が短くなっているのです。そのため、早起きしても寝起きの機嫌が悪い子もいます。幼児期は夜間の睡眠を 10 ～ 12 時間とり、子どもが自分で目覚めることができる生活にしましょう。

自立へのステップ①　きまった時間に起こす

一度、遅寝遅起きの習慣がついてしまうと直すのは大変です。乳幼児期のうちに早寝早起きの習慣をつけるために、早起きから始めましょう。

自立へのステップ② 日中は体を動かして遊ぶ

しっかりと朝食を摂り、日中、太陽の光を浴びて活動すると活動ホルモンであるセロトニンの分泌が盛んになり、睡眠の質を高めるメラトニンの分泌も促されます。

自立へのステップ③ スマホの影響

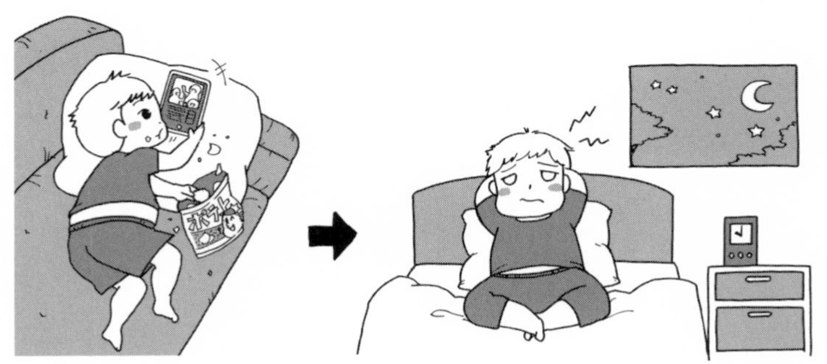

体を十分に動かさないと… 夜になっても眠くならない

スマホ時間は長くないでしょうか。おとなしくしてくれるからと子どもに動画を見せっぱなしにしていると、エネルギーが発散されず夜の寝つきが悪くなってしまいます。

ありがちな ⬇つまずき⬇ 体を動かす遊びが減少している

昔に比べ、日中、体を動かす遊びが少なくなりました。体力が余り夜になってもいつまでも遊びがやめられず、夜ふかしの原因となります。

9　寝かしつける（項目外）

◎髙橋先生のここがポイント

「子どもは放っておいても眠くなったら勝手に寝るもの」と、と思っている人も多いようです。しかし、眠りにつく習慣を大人がつけてやらないと、子どもが気持ちよく眠りにつく習慣は身につきにくくなります。「寝かしつけ」という言葉から、無理やり寝かす印象を受けるかもしれませんが、子どもにとって眠りにつくことも段階的な練習が必要なのです。各家庭で子どもが入眠しやすくなるような入眠儀式を作ると良いです。

自立へのステップ①　きまった時間に就寝を促す

大人の都合で夜ふかしさせることがないようにします。0歳児は12～15時間、1～3歳児で12～14時間、4～6歳では10～11時間程度が最適な睡眠時間の目安です。

自立へのステップ②　入眠までの段取りをきめる

パジャマに着替えたら歯を磨く、トイレにいく、「おやすみなさい」と言ったら電気を消すなど、入眠までの段取りをきめましょう。

ありがちな
⬇つまずき⬇なかなか寝ない

近頃は子どもの就寝時刻が夜 10 時以降になる割合が増え、子どもの生活リズムが夜型になっています。なかなか寝ない子は昼寝を減らしたり、早起きしたりしてみます。大人も一緒に寝るつもりで寝かしつけましょう

コラム
―睡眠―

早寝・早起きの習慣

子どもたちが、遅寝・遅起きになったと言われて久しくなります。彼らを早寝・早起き型にするためには、親の側がまずもって率先垂範することが最も肝要です。なぜなら、家庭の生活は親がつくり、子どもはそこに家族の一員として参加するのが普通だからです。たとえば、親が遅くまで寝ていて子どもに対して「おい起きたか」ではいけません。したがって、この習慣も子どもだけではつくれるものではないことを知るべきでしょう。そして、早寝・早起きが、彼らの生活にはじめと終わりのけじめをつけること、すなわちメリハリのあるダイナミックな生活リズムを刻むことになることを、親はもちろん子どもに関心を持つ大人は理解してほしいものです。また、子どもの生活の主たる場である学校は、昔も今も朝型であることも忘れてはならないことです。

ダイナミックな生活リズムを刻ませる

子どもらしいダイナミックな生活リズムを刻ませるには、どうしたらよいでしょうか。そのためにはまず睡眠の習慣を、遅寝・遅起き型から早寝・早起き型へ転換をはかることです。そして、どんな簡単なことでもよいですから朝飯前のひと仕事をさせることです。そのためには、それなりに早く起きなければなりません。朝飯前に体を動かせば心身も目覚め、食欲も出ます。子どもがその家庭の一員として、自律していく第一歩であることです。朝の時間帯というのは、どこの家でも慌ただしいわけです。そうした中だからこそ、ひとつの役割を持つ意味は大きいといえます。別言すれば、戦場のような時間帯の中で子どもを家族の一員として役立たせることが、彼らの自律を促すことになるのです。

3章　排泄

排泄の習慣は精神的にも大きな影響を及ぼします。
心身の発達を踏まえながら、あせらず進めることが大切です。

排泄の習慣の自立の標準年齢

年齢	習　　　慣	
1歳0ヶ月		
1歳6ヶ月		
2歳0ヶ月		
2歳6ヶ月		
3歳0ヶ月	付き添えば小便ができる	
3歳6ヶ月	日中のおむつの終了 自分で小便ができる	付き添えば大便ができる
4歳0ヶ月	自分で大便ができる	就寝前にトイレに行く
4歳6ヶ月	夢中粗相の消失	
5歳0ヶ月	夜間のおむつの終了	排泄後、紙で拭ける
5歳6ヶ月		
6歳0ヶ月		
6歳6ヶ月	就寝前自分からトイレに行く	
6歳11か月までに自立しない項目	和式トイレ・洋式トイレのどちらも自分で使える	

谷田貝公昭、高橋弥生『基本的生活習慣の発達基準に関する研究―子育ての目安―』一藝社、2021年

1　付き添えば小便ができる（3 歳 0 ヶ月）

◎髙橋先生のここがポイント

おしっこがトイレでできるようになるにはたくさんのステップがあります。排泄の習慣は、あせってしつけるとかえって自立が遅くなる場合もあります。子どもの心身の発達の様子を考慮し、スモールステップを踏みながら進めます。おしっこをトイレでするのも、子どもにとってはハードルが高く感じることもあります。最初は大人が付き添いトイレでおしっこをすることに慣れるように心がけると良いです。

おしっこのしくみ

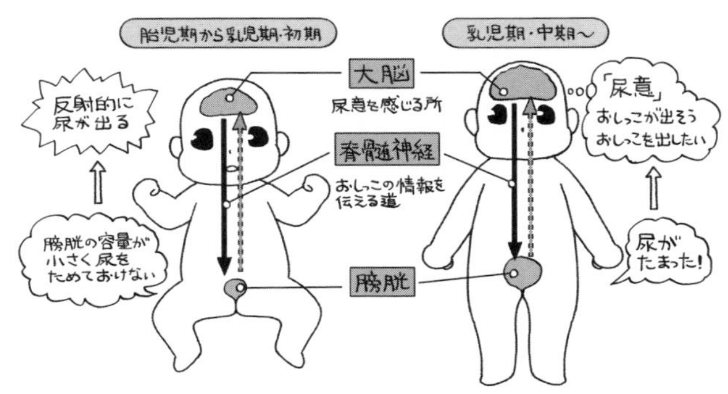

出典：　一般社団法人日本赤ちゃん学協会『睡眠・食事・生活の基本』中央法規出版、2016 年

自立へのステップ①　排尿の事後通告ができる

0 歳でもおむつが濡れると泣いて訴えて、おむつを交換してもらう心地よさがわかってきます。1 歳過ぎになると排尿の後に動作や表情で知らせることもあります。

自立へのステップ②　排尿の事前予告ができる

尿意を感じることができる 1 歳半ば過ぎになると、尿意を催すと股に手をあててもじもじしたり、言葉で「ちっち」などと排尿を知らせたりします。

自立へのステップ③　おまるや便器に慣れる

おまるや便器に座らせ興味を持たせます。大人は向き合って「シー出るかな」などと声かけします。

自立へのステップ④　おまるや便器で排尿できたらほめる、できなくてもよい

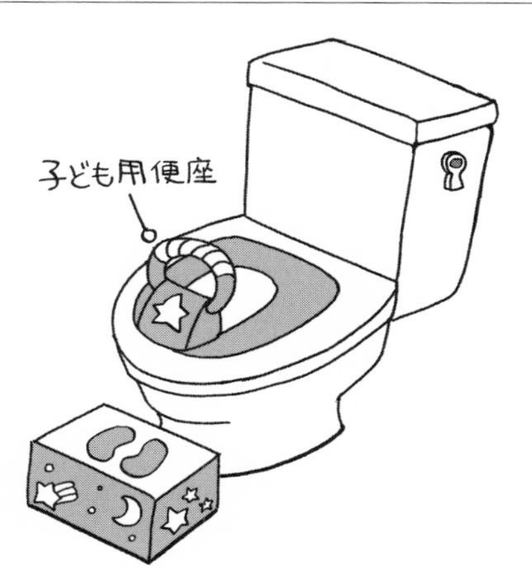

おむつが濡れていないときに、おまるや便座に座らせ「シーシー」と声をかけます。

ありがちな ⬇つまずき⬇ 間に合わなくておもらし

間に合わなくてもらしてしまっても、叱らずに「おしっこ出ちゃったね、取り換えようね」と本人が気づけるように声をかけて接していきましょう。

1章 食事
2章 睡眠
3章 排泄
4章 着脱衣
5章 清潔

2　日中のおむつの終了（3歳6ヶ月）

◎髙橋先生のここがポイント

おむつが外れるには、おしっこが出る前に教えることができなければなりません。また、トイレで排泄するまで我慢ができるようになることも大切です。トイレットトレーニングをする目安としては、おしっこの間隔が長くなり、おむつ替えの時に濡れていないことが多くなる、という状態です。あせって何度もトイレに誘うと、膀胱におしっこをためる機能が育たないので、体の機能が整うことが大切です。

おしっこをためられる量と排尿の回数（平均）

0～1歳	40～50ml／1回	10～20回／1日
2～3歳	50～100ml／1回	7～9回／1日
4～5歳	100～150ml／1回	5～6回／1日

出典：谷田貝公昭『生活の自立 Hand Book』2009年、学研

自立へのステップ①　排尿の間隔をつかむ

起床時、食事の前（もしくは後）、午睡後、寝る前……というように、おむつ交換のタイミングを決めておきます。交換時におむつが濡れているかどうかで、いつ排尿しているかだいたいわかるようになります。おおよその排尿間隔をつかみ、タイミングよくトイレに誘うことを繰り返します。

自立へのステップ② トイレに誘う声かけ

大人が率先して「おしっこに行ってくる」と声に出して行動するのもいいでしょう。時には「○○ちゃんと一緒に行ってみよう」と友だちやきょうだいをトイレに誘うのも手です。

自立へのステップ③ 排尿をするタイミングを習慣づける

食事の前後、午睡の前後、外出の前後などタイミングを決めて毎回トイレに行くことを習慣づけましょう。だんだんとおむつが不要になっていきます。

ありがちな
⬇つまずき⬇天候や体調次第でおもらし

3歳前後の排尿回数は3時間おきに1日に5～9回が平均とされています。季節や気温、体調などによる水分摂取量でも排尿の回数や量は異なります。個人差もあります。

3　付き添えば大便ができる（3歳6ヶ月）

◎髙橋先生のここがポイント

おむつの中でしていたうんちをトイレで出すことは、子どもにとって意外に抵抗があるものです。おしっこはトイレでできるのに、うんちはおむつでなければしない、という子も多いです。トイレで足がつかないために踏ん張れないから、という理由もそのひとつです。家庭のトイレは大人用ですから、子ども用の台を用意します。足をついて踏ん張れるように排便の環境を作ってやりましょう。

自立へのステップ①　排便のサインをとらえる

カーテンにかくれたり、部屋の隅に行ってたたずんだり、急に机や椅子につかまって動かなくなったり、急に力んだりしているときは排便のサインです。

自立へのステップ②　便意を予告する

排尿と同じように、便意を催すと「うんち」と言ったり、おしりをポンポン叩いたりして子どもから訴えてくることがあります。

自立へのステップ③　トイレで排便ができる

トイレでの排便時、洋式の便座の場合は子どもの足が宙に浮いた不安定な状態になります。子どもに合った足台を用意するといいでしょう。

自立へのステップ④　トイレットペーパーで拭く、水を流す

排便したあとは、トイレットペーパーを使ってお尻を拭き、トイレの水を流すところまで教えます。

ありがちな ⬇つまずき⬇ おむつでやりたがる

いざ便座に座ると排便できなくなり、おむつでやりたがる子もいます。トイレでうんちができたらシールを貼ったり、うんちに関する絵本を見せたりして、排便に興味が持てるようにしましょう。

4　自分で小便ができる（3歳6ヶ月）

◎髙橋先生のここがポイント

ひとりでトイレでのおしっこができるようになるには、下着や衣服の着脱ができなければなりません。最初のうちはトイレに入る前にパンツやズボンを脱いでしまってから、トイレに入り排尿すると良いでしょう。家庭のトイレの場合、しっかり座れるような子ども便座や台があると安心です。また、女児の場合は排尿後に自分で紙を使って拭くことも教えます。適量のトイレットペーパーの取り方や最後に水を流すことも教えてください。男児の場合、男性用の小便器の使い方も教えます。

自立へのステップ①　尿意を催したら自らトイレに行く

3歳半になると、男女とも排尿を催すと、遊びの途中でも声をかければトイレに行けるようになる子も出てきます。

自立へのステップ②　自分でパンツやズボンの着脱ができる

「パンツやズボンを着脱してひとりで排尿する」という意欲と達成感を支えるため、着脱しやすい素材とシンプルなデザインの物を選びましょう。

自立へのステップ③ズボンやパンツを脱がなくても小便ができる（男児）

男児の場合、ズボンをおろし、最初は大人が背中に手を添えて、立つ位置をきめます。前のほうに立って、おしっこを便器外にとばさないように排尿させます。

自立へのステップ④　トイレットペーパーで拭く（女児）、流す

女児の場合、排尿後のトイレットペーパーの使い方を教えます。後ろから手を回し、前から後ろに拭きます。排尿後は必ず水を流します。

ありがちな ⬇つまずき⬇ 夢中粗相（おもらし）

遊びの最中、尿意を感じた途端に「おもらし」をしてしまうことがあります。時間を見計らってトイレに誘ったり、次の遊びに移行するタイミングでトイレに行く習慣をつけたりしましょう。

5　自分で大便ができる（4歳0ヶ月）

◎髙橋先生のここがポイント

うんちの場合、排泄に少し時間がかかります。落ち着いて排泄できるように最初は大人がそばについて安心させてやると良いでしょう。下着にうんちがついているような場合は、紙にうんちがつかなくなるまで拭くように教えます。最初は大人が仕上げに拭いてやりましょう。女児の場合は、肛門から前に向かって拭くと尿道にばい菌が入ってしまうことがあるので、手をお尻の方から入れて、前から後ろに向けて拭くことを教えてください。

自立へのステップ①　便意を催したら自分でトイレに行く

排便を催したら自分からトイレに行くことができるようになります。大人は近くで見守ります。

自立へのステップ②　自分でパンツやズボンの着脱ができる

大人が手伝わなくても、子ども自身でパンツやズボンの着脱ができるように見守ります。

自立へのステップ③　トイレットペーパーで拭く

排便後は紙を使っておしりを拭くように教えます。後ろに手をまわして、前から後ろに向かって拭くように教えます。

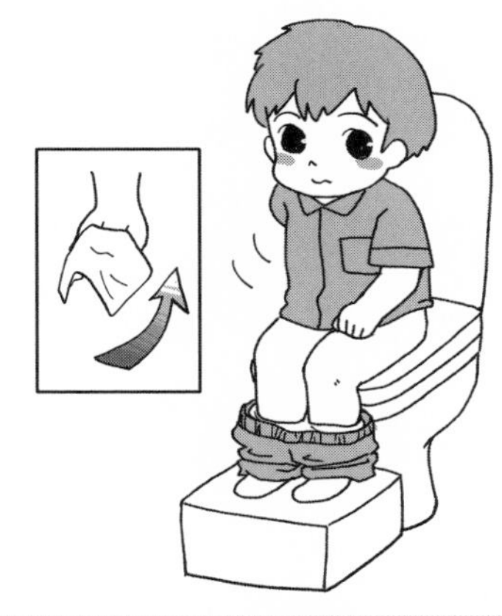

自立へのステップ④　拭いたあとに大人が確認する

いつもきれいに拭けるとは限らないので、子どもが自分で拭いた後は、大人が確認をするようにしましょう。

さらなるステップ！朝の排便習慣をつける

毎日決まった時間に排便をするようにします。無理強いは禁物ですが、排便が自立するこの時期に、朝の排便の習慣をつけることで、昼間の活動が速やかになります。

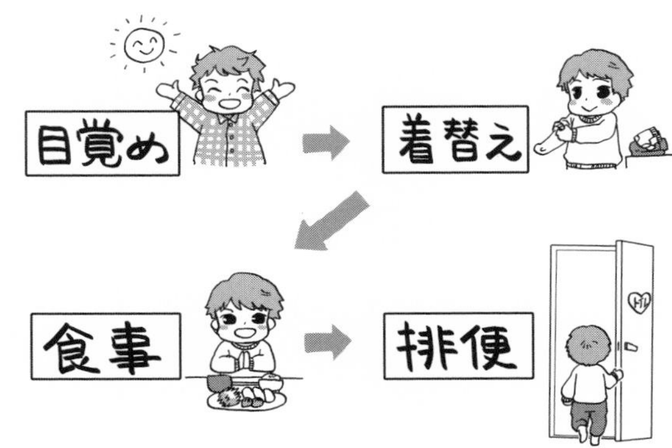

6　就寝前にトイレに行く（4歳0ヶ月）

◎髙橋先生のここがポイント

寝る時におむつをしている場合でも、布団に入る前にはトイレに行く習慣をつけるようにしましょう。眠くなるとトイレに行くのを嫌がることもあります。寝る前の習慣として、パジャマに着替えて歯磨きをして、トイレに行ってから布団に入る、といったような流れを決めるようにしましょう。膀胱が空っぽになっている状態で朝まで排泄しない日が多くなってくれば、夜間のおむつを外す目安にもなります。

自立へのステップ①　就寝の予告と排尿の声かけ

排尿せずに就寝すると、夜尿の原因になります。毎晩寝る前に声をかけてトイレに大人が付き添って行かせるようにしましょう

自立へのステップ②　毎日、きまった流れで行う

就寝前の儀式的な習慣は、昼間の興奮した状態の脳から、睡眠に入るための準備の時間です。歯磨き、トイレ、おやすみの挨拶、床に入る、絵本の読み聞かせというように毎日きまったリズムで行いましょう。

さらなるステップ！おむつでも寝る前にはトイレに行く

夜間のおむつが取れていなくても、就寝前にトイレに行く習慣をつけましょう。朝までおむつを濡らさない経験は、子どもにとって大きな自信となります。

●いつも寝る前にトイレに行く割合（%）

時期	男子	女子	全体
1歳0ヶ月～5ヶ月	0	13	7
1歳6ヶ月～11ヶ月	0	33	18
2歳0ヶ月～5ヶ月	6	24	14
2歳6ヶ月～11ヶ月	50	30	33
3歳0ヶ月～5ヶ月	53	66	59
3歳6ヶ月～11ヶ月	60	74	68
4歳0ヶ月～5ヶ月	80	81	80
4歳6ヶ月～11ヶ月	85	79	82
5歳0ヶ月～5ヶ月	86	87	87
5歳6ヶ月～11ヶ月	86	90	88
6歳0ヶ月～5ヶ月	89	82	85
6歳6ヶ月～11ヶ月	93	84	90

男子　女子　全体

100%　90%　80%　70%　60%　50%　40%　30%　20%　10%　0%

1歳0ヶ月～5ヶ月　1歳6ヶ月～11ヶ月　2歳0ヶ月～5ヶ月　2歳6ヶ月～11ヶ月　3歳0ヶ月～5ヶ月　3歳6ヶ月～11ヶ月　4歳0ヶ月～5ヶ月　4歳6ヶ月～11ヶ月　5歳0ヶ月～5ヶ月　5歳6ヶ月～11ヶ月　6歳0ヶ月～5ヶ月　6歳6ヶ月～11ヶ月

谷田貝公昭、高橋弥生『基本的生活習慣の発達基準に関する研究―子育ての目安―』一藝社、2021年

7　夢中粗相の消失（4歳6ヶ月）

◎髙橋先生のここがポイント

夢中粗相とは、遊びに夢中になっていておしっこをぎりぎり我慢してしまい、間に合わなくて漏らしてしまうことです。「このくらいの状態なら我慢できる」といった感覚がまだわからず、膀胱の機能も十分に育っていない時期にはよくあることですので、叱らないようにしましょう。もじもじして我慢している様子が見られたら、大人がトイレに誘うようにします。漏らしてしまっても「今度はもう少し早く行こうね」と言葉をかけて、着替えをしてください。

自立へのステップ①　尿意を催したら自分で遊びを中断してトイレに行く

発達、成長に伴い、尿意を感じても膀胱に尿をためておくことができるようになります。夢中になっていておもらしをする、ということが少なくなってきます。

自立へのステップ②　遊びが切り替わるタイミングでトイレに行くことが習慣化する

外遊びから室内遊びや、ブロック遊びからままごと遊びになるときなど、場面が切り替わるときに、遊んでいたものを片づけてトイレに行く、という流れをつけます。

自立へのステップ③　我慢していたらトイレに誘う

尿意を感じていても遊びに夢中で、我慢している子どももいます。両足を交差させてもじもじしたり、股を押さえていたりしたらトイレに誘いましょう。

ありがちな ⬇つまずき⬇ もらしてしまったら

もらしてしまったら他の子の目につかない場所で「着替えようね」と言って着替えをさせます。そして「気持ちよくなったね」と伝え、清潔な下着を身につける心地よさを実感させましょう。

●夢中粗相の割合（%）

時期	男子	女子	全体
1歳0ヶ月～5ヶ月	43	38	40
1歳6ヶ月～11ヶ月	38	44	41
2歳0ヶ月～5ヶ月	39	53	46
2歳6ヶ月～11ヶ月	75	60	63
3歳0ヶ月～5ヶ月	74	45	60
3歳6ヶ月～11ヶ月	53	30	40
4歳0ヶ月～5ヶ月	31	30	31
4歳6ヶ月～11ヶ月	31	20	26
5歳0ヶ月～5ヶ月	17	11	14
5歳6ヶ月～11ヶ月	13	5	9
6歳0ヶ月～5ヶ月	9	14	12
6歳6ヶ月～11ヶ月	15	22	17

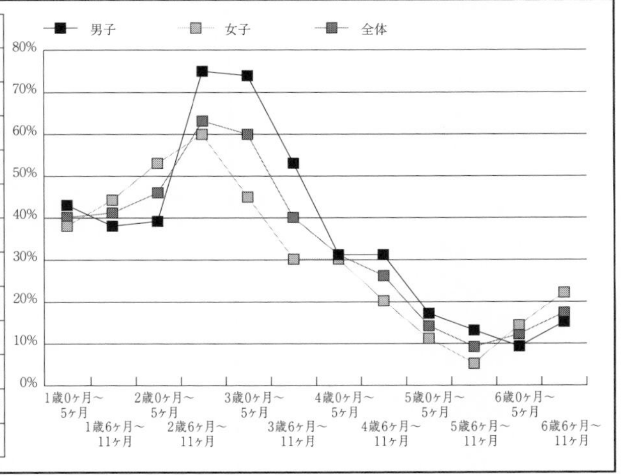

谷田貝公昭、高橋弥生『基本的生活習慣の発達基準に関する研究―子育ての目安―』一藝社、2021年

8　夜間のおむつの終了（5歳0ヶ月）

◎髙橋先生のここがポイント

膀胱の機能が育ってくると、一晩中おしっこを溜めておけるようになります。朝、目覚めた時におむつが濡れていない日が増えてきたら、夜間のおむつを外すことができます。夜間、熟睡するとおしっこの生成量が減りますので、熟睡できる環境にして質の良い睡眠をとることも大切です。おねしょを避けるために、夜中にわざわざ起こしてトイレに行かせることは睡眠の妨げになるだけです。おねしょを治すことにはなりませんので、やってはいけません。

自立へのステップ①　就寝直前の水分の調整

就寝前に水分（水、お茶、ジュース、牛乳など）を取りすぎないようにしましょう。夕食の味付けが濃いと喉が渇くので要注意です。

自立へのステップ②　就寝前にはトイレに行く

眠くて面倒でも就寝前には必ず子どもをトイレに行かせます。寝る前はきちんと排尿する習慣をつけましょう。

自立へのステップ③　就寝前に自らトイレに行くことが習慣化する

子どもが自分でトイレに行くことが、就寝前の一連の流れ（パジャマに着替える、歯磨きをする、トイレに行く、布団に入るなど）となるように習慣づけていきます。

ありがちな ⬇つまずき⬇ 夜中にむりやり起こして排尿させる

夜中に子どもを起こしてまでトイレに行かせてはいませんか？熟睡できなくなってしまいますからやめましょう。

9　排泄後、紙で拭ける（5歳0ヶ月）

◎髙橋先生のここがポイント

排泄後に紙で拭くのは、機会が多いためか、女児の方が早くできるようになる傾向です。紙で拭けるようになるには、トイレットペーパーを適量切り取り、たたんで手につかないように拭かなければなりません。子どもには難しい動作ですので、きちんと教えて練習してください。ペーパーを多く取り過ぎてトイレを詰まらせたり、少なすぎて手についてしまったりすると、自分でやりたくなくなってしまいます。気をつけて教えましょう。

自立へのステップ①　トイレットペーパーの使い方を教える

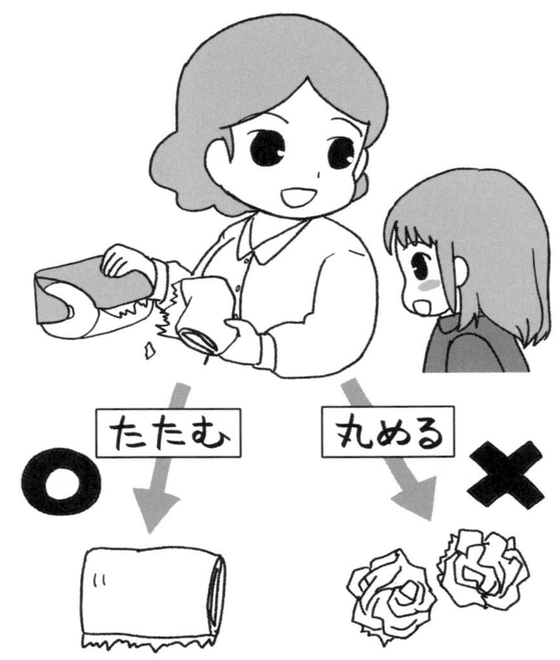

紙は丸めずに、たたんで使います。手でペーパーホルダーの上を押さえて、端から切ります。適切な紙の量は大人が教えましょう。

自立へのステップ②　女児の拭き方を教える

女児は尿道に便がつくと「尿路感染症」を起こす危険があるため、必ずおしり側から手を回して、前から後ろに向かって拭くように教えます。

こんなとき どうする？おしりがかぶれる

便がきれいに拭き取れずに残ってしまうと、皮膚がかぶれて炎症の原因になります。自分できれいに拭けないうちは、大人が最後に仕上げ拭きをします。

●いつも自分で紙を使って拭ける割合（%）

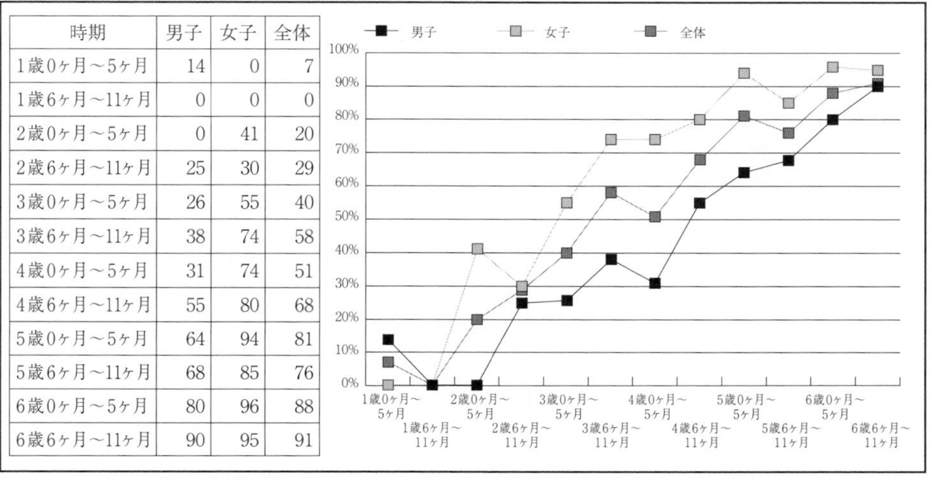

時期	男子	女子	全体
1歳0ヶ月～5ヶ月	14	0	7
1歳6ヶ月～11ヶ月	0	0	0
2歳0ヶ月～5ヶ月	0	41	20
2歳6ヶ月～11ヶ月	25	30	29
3歳0ヶ月～5ヶ月	26	55	40
3歳6ヶ月～11ヶ月	38	74	58
4歳0ヶ月～5ヶ月	31	74	51
4歳6ヶ月～11ヶ月	55	80	68
5歳0ヶ月～5ヶ月	64	94	81
5歳6ヶ月～11ヶ月	68	85	76
6歳0ヶ月～5ヶ月	80	96	88
6歳6ヶ月～11ヶ月	90	95	91

谷田貝公昭、高橋弥生『基本的生活習慣の発達基準に関する研究―子育ての目安―』一藝社、2021年

10　就寝前自分からトイレに行く（6歳6ヶ月）

◎髙橋先生のここがポイント

布団に入る前に必ずトイレに行く習慣をつけましょう。入眠儀式のひとつとして、例えば着替え、歯磨き、トイレ、布団に入る、といった流れを決めておきます。大人が、その流れをもとに子どもに行動を促します。流れが身につけば、自然と自分からトイレに行くようになりますので、毎日根気よく続けましょう。夜のトイレはなんとなく怖いものです。廊下の電気をつけて明るくしておいたり、そばに大人が付き添ったりするのも良いでしょう。

自立へのステップ　就寝前に自らトイレに行くことが習慣化する

就寝前の段取り（就寝儀式）の中に、必ず「トイレに行くこと」を加えましょう。トイレは狭い、暗い、臭い、というようなマイナスイメージを払拭しておきます。

こんなとき
どうする？トイレを怖がる

照明を明るくして、ドアを開けたままにしたり、大人がトイレの前で待っていたりすると安心できるようになります。清潔を保ち、換気をよくするとトイレが怖くなくなります。

●いつも寝る前に自分からトイレに行く割合（%）

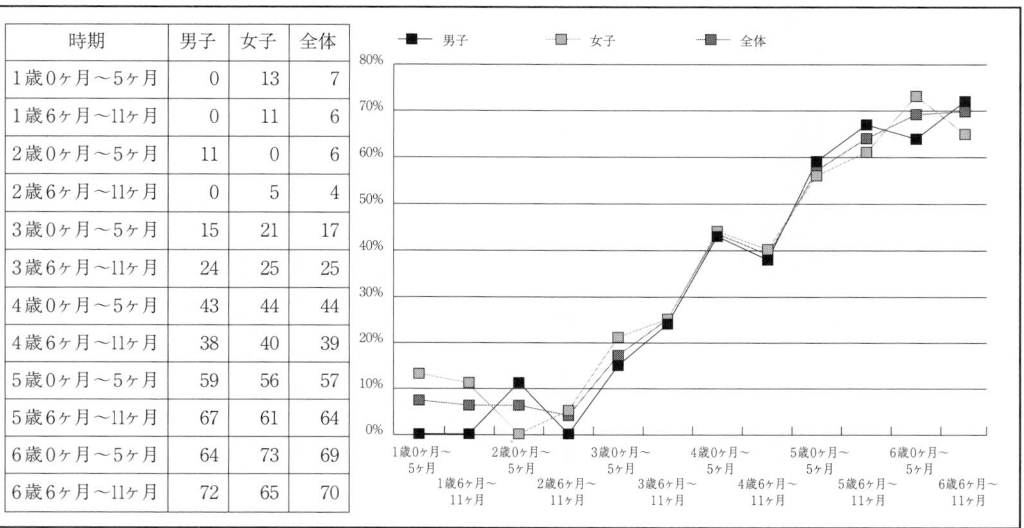

時期	男子	女子	全体
1歳0ヶ月～5ヶ月	0	13	7
1歳6ヶ月～11ヶ月	0	11	6
2歳0ヶ月～5ヶ月	11	0	6
2歳6ヶ月～11ヶ月	0	5	4
3歳0ヶ月～5ヶ月	15	21	17
3歳6ヶ月～11ヶ月	24	25	25
4歳0ヶ月～5ヶ月	43	44	44
4歳6ヶ月～11ヶ月	38	40	39
5歳0ヶ月～5ヶ月	59	56	57
5歳6ヶ月～11ヶ月	67	61	64
6歳0ヶ月～5ヶ月	64	73	69
6歳6ヶ月～11ヶ月	72	65	70

谷田貝公昭、高橋弥生『基本的生活習慣の発達基準に関する研究―子育ての目安―』一藝社、2021年

11　和式トイレ・洋式トイレのどちらも自分で使える（6歳11ヶ月までに自立しない）

◎髙橋先生のここがポイント

近頃は少なくなりましたが、観光地や野外などではまだ和式トイレがあります。トイレに行きたくなったとき、和式トイレが使えないと困ってしまいます。和式・洋式どちらも使えるようにしておきましょう。和式トイレは便器の前の方にしゃがむことが大切です。また、下着やズボンなどを膝のあたりでまとめておかないと、床に衣類がついてしまいます。少し練習が必要なので、事前にイメージトレーニングをするのも良いですね。

自立へのステップ①　和式トイレの使い方を教える

和式トイレは洋式トイレと逆向きです。使う向きを教えて、便器の真ん中よりもやや前にまたがせるように誘導します。

自立へのステップ②　和式トイレで排泄してみる

便器をまたぎパンツを膝までおろしてしゃがみ、排泄をさせます。パンツをぬらさないようにするために、パンツを前に引くようにして押さえることも教えましょう。

自立へのステップ③　しゃがむ体勢が取れる（①～③は就学前にできるようにしておく）

しっかりとかかとを床につけて、足の関節を曲げて身体を安定させてしゃがみます。しゃがむ姿勢が安定しないうちは、大人が支えてやるとよいでしょう。

こんなとき どうする？和式トイレでしゃがめない

生活が洋式化して、股関節や膝、足首などの足関節が固くなり「しゃがむ」という動作ができない子がいます。普段の遊びで、体全体を使った動きやしゃがむ姿勢などを取り入れてみましょう。

●和洋両方のトイレが使える割合（%）

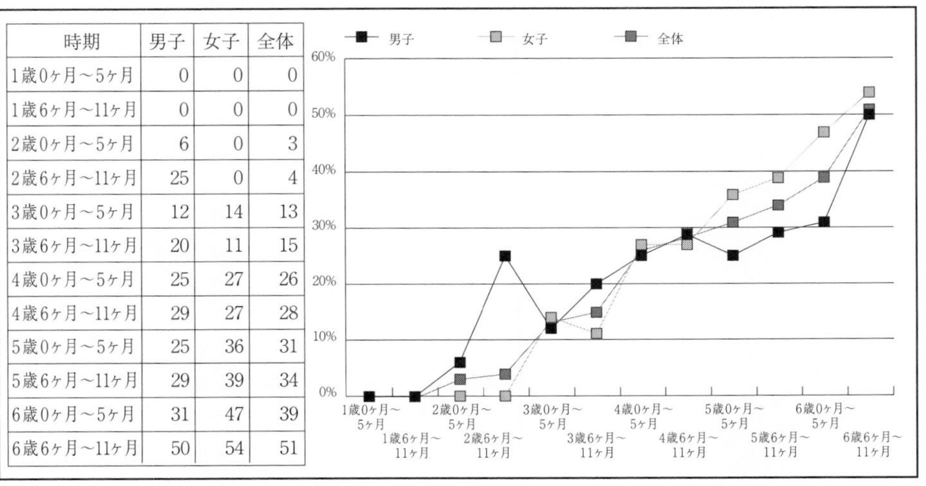

時期	男子	女子	全体
1歳0ヶ月～5ヶ月	0	0	0
1歳6ヶ月～11ヶ月	0	0	0
2歳0ヶ月～5ヶ月	6	0	3
2歳6ヶ月～11ヶ月	25	0	4
3歳0ヶ月～5ヶ月	12	14	13
3歳6ヶ月～11ヶ月	20	11	15
4歳0ヶ月～5ヶ月	25	27	26
4歳6ヶ月～11ヶ月	29	27	28
5歳0ヶ月～5ヶ月	25	36	31
5歳6ヶ月～11ヶ月	29	39	34
6歳0ヶ月～5ヶ月	31	47	39
6歳6ヶ月～11ヶ月	50	54	51

谷田貝公昭、高橋弥生『基本的生活習慣の発達基準に関する研究―子育ての目安―』一藝社、2021 年

コラム
—排泄—

小便の自立

現代の子どもたちの小便の習慣は、3 歳 6 ヶ月で自立するのが普通です。しかし、小学生になってもちびる子どもがいることを考えますと、この習慣の真の自立は意外と難しいといえます。若い親の中には、早く自立させようということで、あせる人もいるようです。しかし、大便と同じように、この習慣は子どもの生理的成熟と深い関係にありますからあせりは禁物です。

大便の自立

小学校の先生の話を聞くと、クラスの半数の子は便秘だという人もいるくらい、排便の習慣のついていない子どもが多いようです。私たち人間は、食事をして 20 ～ 30 分くらいすると肛門がゆるみ最も出やすい状態になるといいます。それを「胃直腸反射」といいます。ですから、食事をしてしばらくしたら便座に座る訓練からはじめることが大切だといえます。

おむつがとれない

昔は幼稚園でおむつを使用している子どもはほとんどみられませんでした。ところが、現代ではどこの園でも普通にみられます。常態化しているのです。このことから、おむつ使用離脱の遅れははっきりしていると言えます。この原因としては、二つのことが考えられます。それは、紙おむつの普及と、おむつをとることに対しての親の意識の変化です。前者については、排泄しても布おむつと違って本人に不快感がないため、離脱の必要性を感じないことです。後者としては、そのうち何とかなるだろうということで、離脱に積極的にならない親が少なからずいるということです。そういう親に限って園の保育者に「何とかなりませんか」ということが多いのです。中には保育者が何とかしてくれる、と思っている親もいるのが現実です。

4章　着脱衣

着脱衣の習慣は、脱ぐことから始まり着ることへと進みます。
時間をたっぷりとって何度も繰り返し練習し、
手際よく、素早くできるようになることが大切です。

着脱衣の習慣の自立の標準年齢

年齢	習　慣	
1歳0ヶ月		
1歳6ヶ月		
2歳0ヶ月	ひとりで脱ごうとする	
2歳6ヶ月	ひとりで着ようとする 靴を自分ではける	パンツを自分で脱げる
3歳0ヶ月	靴下を自分ではける	
3歳6ヶ月	Tシャツを自分で脱げる パンツを自分ではける	Tシャツを自分で着られる 帽子を自分でかぶれる
4歳0ヶ月	前ボタンを自分でかけられる 自分で衣服を着ることができる	自分で衣服を脱ぐことができる 衣服の両袖が正しく通せる
4歳6ヶ月	前ファスナーを自分でかけられる	
5歳0ヶ月		
5歳6ヶ月		
6歳0ヶ月		
6歳6ヶ月		
6歳11か月までに自立しない項目	袖口のボタンを自分でかける	靴ひもなどを花結び（ちょう結び・リボン結び）にする

谷田貝公昭、髙橋弥生『基本的生活習慣の発達基準に関する研究―子育ての目安―』一藝社、2021年

1　ひとりで脱ごうとする（2歳0ヶ月）

◎髙橋先生のここがポイント

脱ごうとする行動は、1歳6ヶ月頃から現れる子も多いです。最初は簡単な帽子や靴下などを引っぱって脱ぐ、という行動から始まります。せっかくかぶせた帽子をすぐに脱いでしまう行動は、大人にとっては厄介かもしれませんが、自分で脱げることに気づいた子どもの成長を喜んでやってください。最初のうちは子どもが扱いやすい素材や形の衣服を用意し、大人が少し手伝うなどして「できた」という達成感を味わわせます。

自立へのステップ①　自分でやりたい気持ちを大切に援助する

「一緒にやってみよう」「ひとりでできたね」「上手だね」とほめて自信につなげましょう。成功できるように動きを誘導し、達成感をもたせます。

自立へのステップ②　脱ぎやすい服を準備する

半ズボン、半袖シャツ、パジャマのような伸縮性のあるもの、最初はボタンがなく、ズボンはゴムのものがよいでしょう。

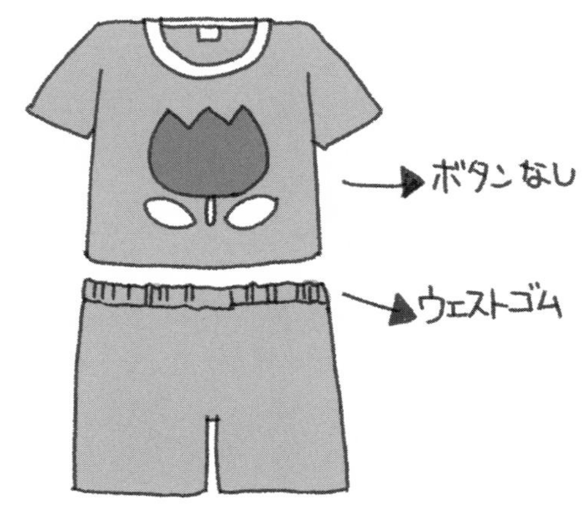

自立へのステップ③　十分な時間を用意する

ゆったりとした気持ちで接する時間にやってみましょう。日常生活で服を脱ぐ機会、たとえば風呂に入るときや外から帰ってきたときにやってみます。

自立へのステップ④　できないときは手伝う

大人が背後で子どもの腕に手を添えて、具体的に言葉で誘導しながら、一緒に動かします。できたら「できたね」と一緒に喜びましょう。

ありがちな ⬇つまずき⬇ 自分で脱ごうとしない

脱ごうとしない子には「自分で脱いでみよう」と声をかけて誘導します。人形のきせかえごっこで着替えに興味をもたせてもいいでしょう

2　ひとりで着ようとする（2歳6ヶ月）

◎髙橋先生のここがポイント

2歳頃になると自分で衣服を着ようとするようになります。いちばん簡単に着ることができるのは、ゴムウエストの半ズボンです。足を入れて引き上げる簡単な動作ですが、最初は思うようにできずに癇癪を起こすことがあります。しかし、せっかく芽生えた「自分でやりたい」気持ちを消さないよう、難しいところだけを手伝いながら、時間をたっぷりとって挑戦させてください。Tシャツは前後が分かりやすいもので練習を始めるのがよいです。

自立へのステップ①　やりたい気持ちを大切に

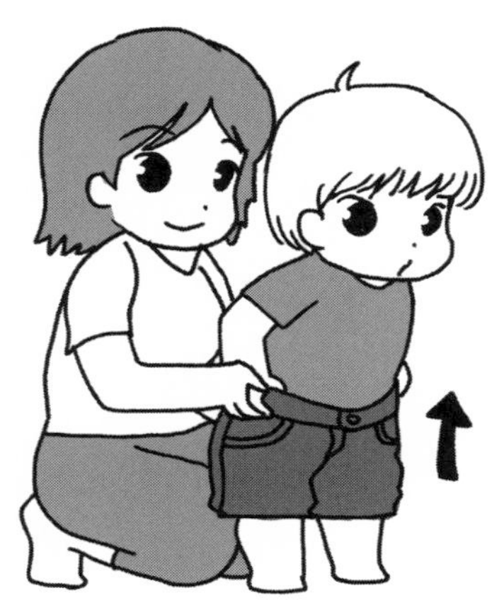

2歳頃になると衣服の着脱に興味を持ち始めます。やりたがっている気持ちを大切にして、あたかも子どもがしているように子どもの手を持ち、一緒に行います。「できた」体験をさせましょう。

自立へのステップ②　着やすい服を準備する

少し大きめで伸縮性のあるものを選びましょう。Tシャツのようなボタンのない物で、最初は半袖から始め着られるようになったら長袖、と進めます。

自立へのステップ③　十分な時間を用意する

つい大人が手を出して着替えさせてしまうこともあるでしょう。休日など余裕を持って待てるようなときに練習します。「今日は片方だけ」というように部分的に取り組んでもよいでしょう。

自立へのステップ④　できないときは手伝う

大人が子どもの背後に立ち、子どもの手に添えて一緒に動かします。「(自分で) できた」という達成感を経験させましょう。

ありがちな ⬇つまずき⬇ 固い素材（デニムなど）の服はさける

子どもが服を着たがらないのは、動きづらいか、素材が嫌なのか考える必要があります。素材を確認して、タグや品質表示が肌に触ってチクチクしていないか確かめましょう。

3　パンツを自分で脱げる（2歳6ヶ月）

◎髙橋先生のここがポイント

脱ごうとする姿が現れてから、毎日自分で繰り返し挑戦するうちにひとりで脱げるようになっていきます。パンツは比較的簡単に脱げる衣類ですが、おしりの出っ張り（臀部（でんぶ））に引っかかり苦労している子が意外と多いようです。また、どこを持って下げると脱ぎやすいのかわからない場合もあります。最初は大人が手を添えてゴムの部分を持たせてやります。最後まで自分でできた時には、一緒に喜びながらほめてやり、自信を持たせてやりましょう。

自立へのステップ①　あらかじめ少し下げておく

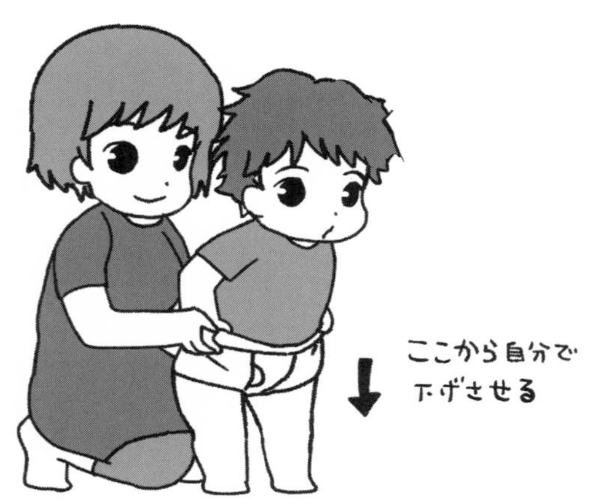

あらかじめ臀部の下までパンツを大人が下げておき、子どもが自分の手で足首まで引っ張るように促します。「できたね」「脱げたね」の体験をさせましょう。

自立へのステップ②　パンツのゴムをつかんで自分で引っぱりおろす

最初から自分でおろすようにします。パンツのゴムをつかんで、おしりの上から自分の手で下げるように促します。

こんなとき
どうする？大人の手伝いを拒む

「できた、できない」の結果を重視し過ぎると、大人の目を気にして子どもが拒む姿勢が現れることがあります。自我の芽生えや「自分で」やりたい気持ちを大切にしましょう。

●いつも自分でパンツを脱ぐ割合（%）

時期	男子	女子	全体
1歳0ヶ月～5ヶ月	14	0	7
1歳6ヶ月～11ヶ月	25	11	18
2歳0ヶ月～5ヶ月	39	59	49
2歳6ヶ月～11ヶ月	75	70	71
3歳0ヶ月～5ヶ月	71	76	73
3歳6ヶ月～11ヶ月	84	98	92
4歳0ヶ月～5ヶ月	88	89	88
4歳6ヶ月～11ヶ月	99	98	98
5歳0ヶ月～5ヶ月	100	99	99
5歳6ヶ月～11ヶ月	98	100	99
6歳0ヶ月～5ヶ月	100	100	100
6歳6ヶ月～11ヶ月	99	100	99

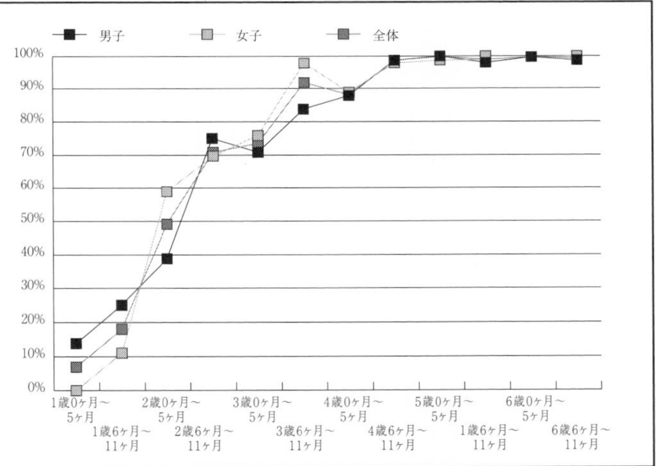

谷田貝公昭、髙橋弥生『基本的生活習慣の発達基準に関する研究―子育ての目安―』一藝社、2021年

4　靴を自分ではける（2歳6ヶ月）

◎髙橋先生のここがポイント

靴は形や素材によって、はきやすさがかなり違います。自分ではけるようになるには、足が入りやすい形の靴を選びましょう。面ファスナーの靴は子どもには扱いにくいこともあります。その場合は面ファスナーの部分の扱いを教えます。つま先が入っても、かかとを踏んでしまっていることがあります。このはき方では危険です。かかとのベロの部分を持って引き上げながらかかとを踏み込み、きちんと足を入れて靴をはくことを教えてください。

自立へのステップ①　脱ぎはきしやすい靴を用意する

〔単純な構造靴〕

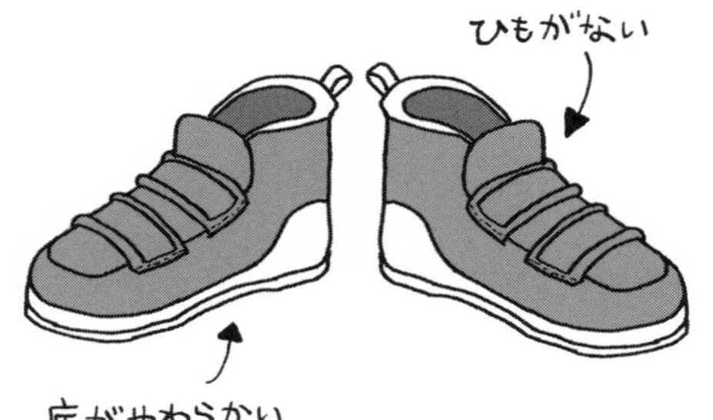

つま先が広く厚みがある

ひものない靴を用意する。椅子や台などに座らせて足の前に靴を置く、靴の絵を描いた台紙の上に置くのもよいです。右、左を揃えて置きます。

自立へのステップ②　靴のかかとに紐や輪をつけてもよい

子どもにかかとだけをきちんと入れさせる。

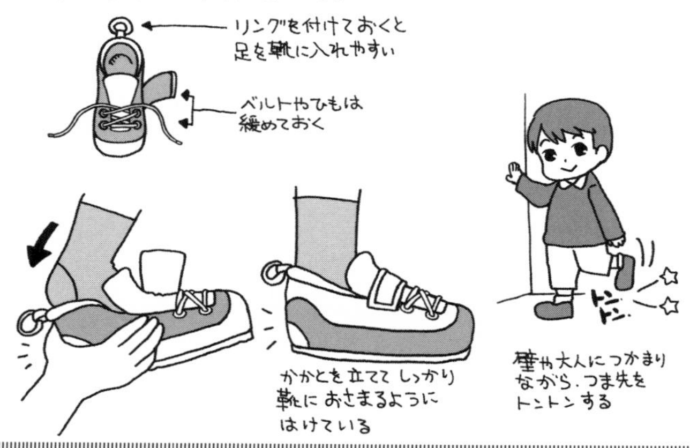

自立へのステップ③　左右がわかるような印をつけてもよい

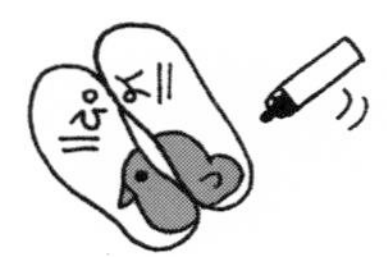

靴の中に、左右がわかるようにデザインされた市販品の中じきを入れたり、直接目印を書いたりしてもよいでしょう。

さらなるステップ!! 靴ひもを自分で結んではけるようになる

面ファスナーの靴はとても便利ですが、年齢があがってきたらひも靴を用意し、ひもを自分で結べるようになりましょう。

●いつも靴を自分ではく割合（%）

時期	男子	女子	全体
1歳0ヶ月～5ヶ月	0	0	0
1歳6ヶ月～11ヶ月	0	33	18
2歳0ヶ月～5ヶ月	67	59	63
2歳6ヶ月～11ヶ月	75	75	75
3歳0ヶ月～5ヶ月	74	79	76
3歳6ヶ月～11ヶ月	91	95	93
4歳0ヶ月～5ヶ月	93	90	92
4歳6ヶ月～11ヶ月	98	96	97
5歳0ヶ月～5ヶ月	98	99	98
5歳6ヶ月～11ヶ月	100	99	99
6歳0ヶ月～5ヶ月	100	100	100
6歳6ヶ月～11ヶ月	100	100	100

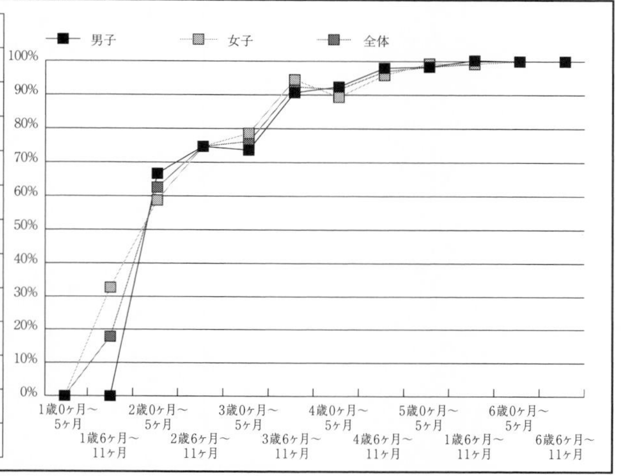

谷田貝公昭、髙橋弥生『基本的生活習慣の発達基準に関する研究―子育ての目安―』一藝社、2021年

5　パンツを自分ではける（3歳0ヶ月）

◎髙橋先生のここがポイント

この時期はおむつを外す時期と重なる子どもが多いです。そのため、一日に何度もパンツをはく機会があります。ですから、不衛生になったり、寒くなったりしないように気をつけながらも、ひとりでゆっくり挑戦する時間をとるようにします。座って足を入れますので、床にお尻をつけることになります。園のような集団生活の場合は、清潔に座れる台などを作って使うと、落ち着いて練習をすることができます。

自立へのステップ①　パンツを引っぱり上げる

あと少しでパンツがはけるところまで大人がはかせて、手を添えて一緒に引き上げて「はけた」「できた」の体験をさせましょう。

自立へのステップ②　途中からパンツを引っぱり上げる

おしりの途中までパンツを上げておいて、自分の手で最後まで引き上げるように促します。

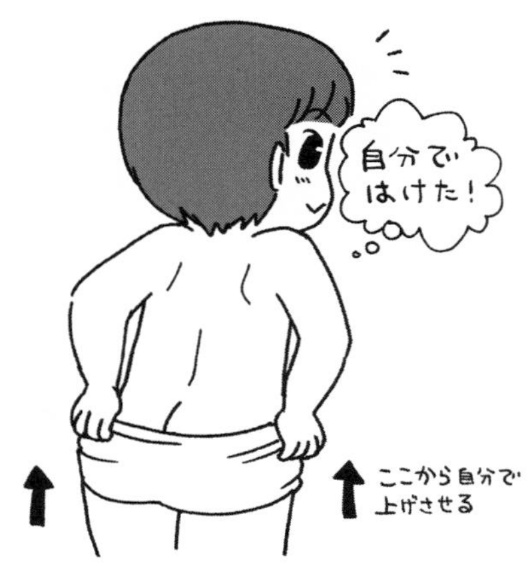

自立へのステップ③　最初からパンツをはく

足を入れるところから自分の手でやってみます。足を入れて、引き上げるように促します。できたら「はけたね」とほめましょう。

ありがちな⬇つまずき⬇片方の足に両足を入れてしまう

別々に足を入れずに、両足ともに同じ場所に入れてしまうことがあります。よく見るように伝えて、何回もじっくりチャレンジさせましょう。

●いつも自分でパンツをはく割合（%）

時期	男子	女子	全体
1歳0ヶ月～5ヶ月	0	0	0
1歳6ヶ月～11ヶ月	13	0	6
2歳0ヶ月～5ヶ月	11	47	29
2歳6ヶ月～11ヶ月	75	45	50
3歳0ヶ月～5ヶ月	56	72	63
3歳6ヶ月～11ヶ月	73	98	87
4歳0ヶ月～5ヶ月	83	88	85
4歳6ヶ月～11ヶ月	93	93	93
5歳0ヶ月～5ヶ月	100	99	99
5歳6ヶ月～11ヶ月	98	100	99
6歳0ヶ月～5ヶ月	100	100	100
6歳6ヶ月～11ヶ月	94	100	96

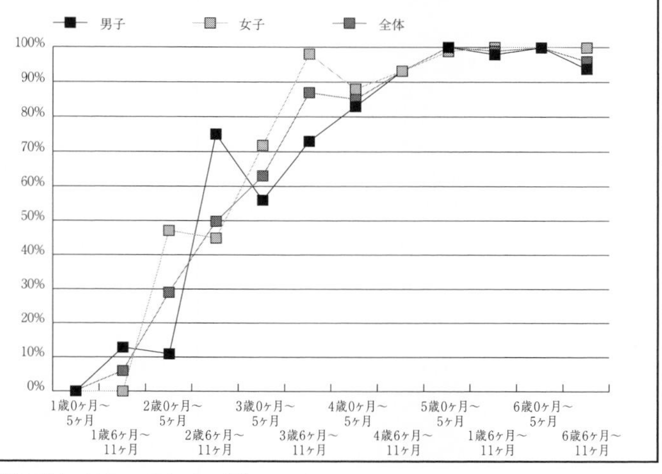

谷田貝公昭、高橋弥生『基本的生活習慣の発達基準に関する研究―子育ての目安―』一藝社、2021年

6　靴下を自分ではける（3歳0ヶ月）

◎髙橋先生のここがポイント

靴下をはくのは簡単そうに感じますが、子どもにとっては意外と難しい衣類です。なぜなら、比較的ピッタリしているものが多いので、足を入れづらいからです。また、つま先やかかとの位置、左右がある場合は左右に気をつけて履かなければなりません。最初のうちは、子どもが興味を持つデザインや、かかとが分かりやすいデザインになっているものを選んで取り組みます。たとえかかとが上にきても、頑張ってはけたことを認めてください。

自立へのステップ①　ゆとりのある大きさ、丈の短いものを用意する

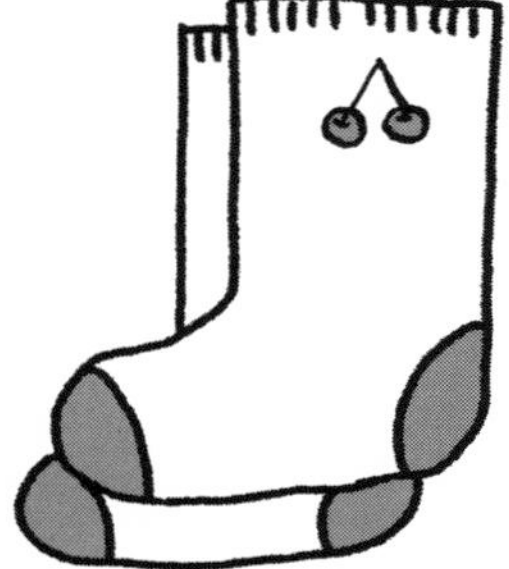

きつすぎずゆるすぎず、短い丈のものを用意します。ワンポイントがついたものや、かかとやつま先の色が違うものが、はくときの目印になっていいでしょう。

自立へのステップ②　かかと、つま先などの名称を教える

体の名称を知ることからスタートします。子どもの足と靴下の両方で、つま先やかかとの位置をきちんと教えます。

自立へのステップ③　はき方を教える

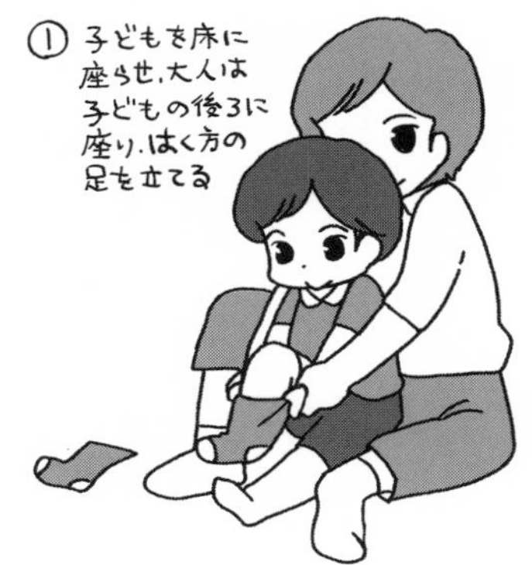

②

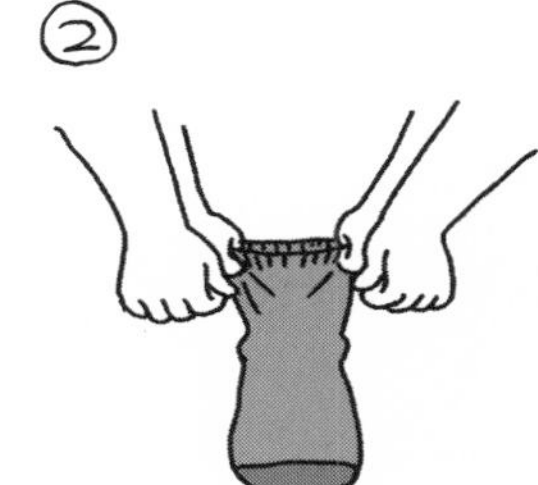

子どもに靴下の入り口
部分の左右をつかませ、
大人もその手の上から
一緒につかむ

③

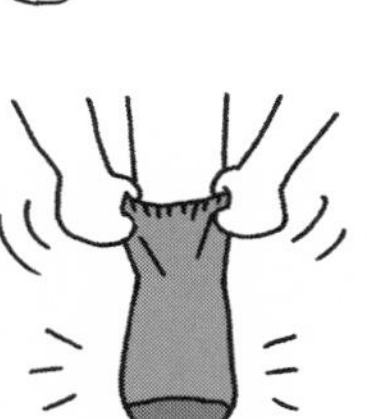

大人が靴下を
ほとんどはかせ、最後に
自分で引っぱらせて
完成させる

④
大人がかかとまで
はかせて、自分で
最後まではかせる

ここからかかとに
気をつけて、
引っぱりあげて
みよう!

⑤

かかとは
合っているかな?

ありがちな
⬇つまずき⬇かかとが甲にきてしまう

靴下のつま先、かかとと、子どもの足のつま先、かかとを意識してはくように促します。意識させないと、かかとの部分が甲のほうへきてしまうことがよくあります。

7　Ｔシャツを自分で脱げる（３歳６ヶ月）

◎髙橋先生のここがポイント

Ｔシャツの脱ぎ方にはいくつか方法があります。子どものやりやすい方法で練習してください。伸びない素材だったり、小さめのＴシャツだったりするとひとりでは脱げません。少しゆったりとしたＴシャツで練習すると取り組みやすいです。最初は力任せにシャツを引っ張って脱ごうとするので、手を添えてやり方を教えてください。引っかかっているところをそっと助けてやり、自分でできる気持ちを持たせることも大切です。

自立へのステップ①　少しゆとりがあるＴシャツからはじめる

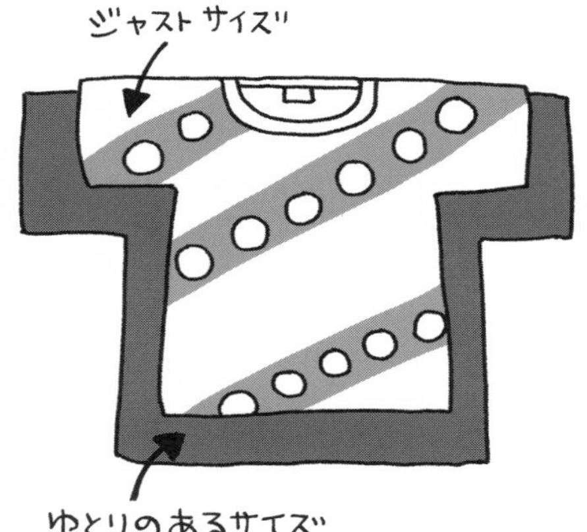

ジャストサイズのＴシャツでなく、少しゆとりのあるもので挑戦します。伸縮性のあるＴシャツを用意します。

自立へのステップ②　脱ぎ方を教える

両袖の腕を袖口から抜きます。子どもは頭だけ自分で脱ぐところからはじめましょう。

自立へのステップ③　いろいろな脱ぎ方

腕を抜いてから
Tシャツを
まくり上げる

両腕をクロスさせて
裾をめくり上げる

首のうしろをつまんで
引き上げる

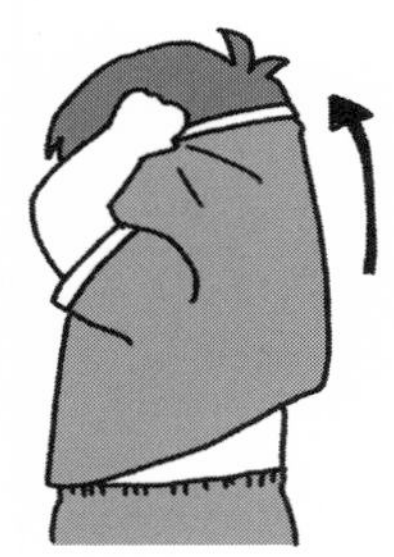

自立へのステップ④　半袖から長袖へと進める

はじめは半袖から、脱げるようなったら、長袖に挑戦します。

半袖

長袖

ありがちな
⬇つまずき⬇顔を出せない、ひじが出せない

子どもは自分の体をまだ細かくコントロールすることができません。「あごをギュっとして」「ひじをカックンして」というように具体的にわかりやすい言葉で伝えます。

8　Tシャツを自分で着られる（3歳6ヶ月）

◎髙橋先生のここがポイント

Tシャツを脱ぐことと着ることの発達の時期については、それほど差がありません。この年齢は自分でできることが増える時期で、自分で自分の生活をコントロールできるようになってきます。自信を持ってできるようになるために、自分で挑戦する時間を確保し、うまくいかない時は少し手伝ってやります。ただし、仕上げは子ども本人にやらせて、自分でできたという達成感を持たせるようにしてください。

自立へのステップ①　前後の違いがはっきりしているTシャツを選ぶ

子どもの興味や関心にも配慮してTシャツを選びます。好みの絵がついているものなどを選択して、前後を教えましょう。

自立へのステップ②　着方を教える

順を追ってゆっくりと説明し教えていきます。大人は子どもの背後に立ち、同じ方向からTシャツを着る援助をします。

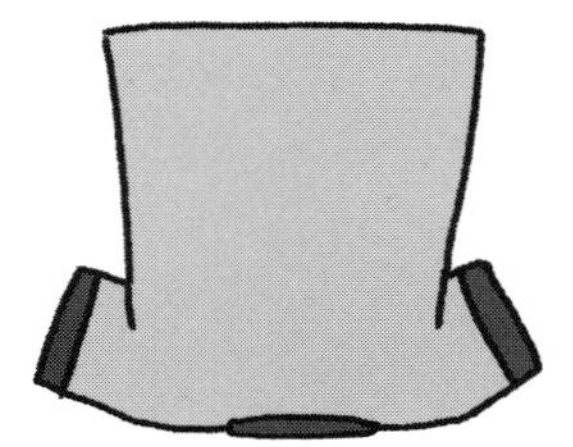

1　半袖Tシャツの後ろ側を上にして低い机に置く。首まわりは上に、袖は左右に広げて置く

2　Tシャツの前に子ども立たせ、大人は子どもの後に立つ

3　背面の裾を子どもの両手で握らせ、大人はその手の上から握る。

4　大人は子どもに「頭を通すよ」と声掛けする。

5　首の穴から頭を出すように声掛けする。

6　頭を通す時にはTシャツの首回りを持って下に引っ張るように促す。

7　頭が通ったら片方ずつ袖に手を入れ袖口から出すように促す。

8　Tシャツの裾を両手で握らせ下ろして整える。

自立へのステップ③　着る時間にゆとりを持つ

着替えは子ども自身に行わせると時間がかかる活動です。練習は朝などの時間がない時は避け、入浴の前後や休日、余裕を持って待てるようなときに行うのがよいでしょう。

こんなときどうする？前後を間違える

前後がわかりにくい服は、アップリケなどを目印として前（子ども本人が着用したときに見えるように）の裾に付ける工夫をすれば、間違えないようになります。

9　衣服の両袖が正しく通せる（3 歳 6 ヶ月）

◎髙橋先生のここがポイント

ここでは、前開きの上着を着られるようになることについてアドバイスをします。T シャツとは違い、前が開いていることで背中側がねじれてしまうこともあります。着られるようになるにはいくつか方法がありますので、子どもがやりやすい方法を教えるようにしてください。年齢が低いうちは［その他の方法］が取り組みやすいと思います。しかし、年齢が上がったら自立へのステップ②の方法で着られるようにしてください。

自立へのステップ①　片方の袖を通すことからはじめる

上着を用意します。最初のうちは片方の袖は大人が手伝い、もう片方を子どもが自分で通してみるようにします。左右どちらからでも、やりやすいほうからで構いません。

1　大人は子どもの前に立つ。

2　はじめは子どもの肩に上着をかけ、肩から上着が落ちないように大人が持ち子どもが腕を曲げながら袖の中に腕を導いて援助する。

自立へのステップ② 子どもが自分で腕を通す

子どもが自分で袖を通します。片方ずつ、袖に腕を通していくように促します。

1 片方の手（右）で襟を持ち、反対の腕（左）を袖の中に入れるように後ろに立っている大人が誘導する

2 袖が通った手（左）を肩より高く持ち上げる。衣服を整え 片方の手（右）を袖に通すように誘導する

3 腕（右）が通ったら両肩の部分を整える。

〔その他の方法〕

台の上に中表で上下逆さに衣服を置き、

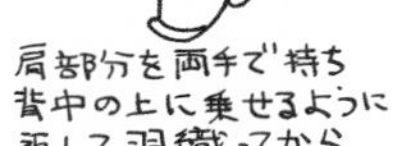

両袖に腕を通して着る

台の上に中表で上下逆さに衣服を置き、それを両手で持ち、背中の上に乗せるように返して羽織ってから、両袖を通して着る方法もあります。

ありがちな ⬇つまずき⬇ 背中でねじれてしまう

やわらかすぎる衣服は、腕を通しにくいので背中でねじれてしまうことがあります。人形遊びで着せたり脱がしたりして遊んでみましょう。人形だけでなく他の人に着せたり脱がしたりして感覚をつかませるのもいいでしょう

10　帽子を自分でかぶれる（3歳6ヶ月）

◎髙橋先生のここがポイント

帽子を脱ぐことは2歳前からやり始めるのですが、かぶることは意外と難しい動作です。見よう見まねで頭の上に乗せますが、きちんと自分でかぶれるようになるのは3歳6ヶ月頃ということになります。最初は麦わら帽子のように形がしっかりしたものが扱いやすいです。前後が正しくなるように、自分で鏡を見て確認してみることも良い方法です。かぶる動作と同時に、夏季に野外に出る時には帽子をかぶる習慣も身につけると良いですね。

自立へのステップ①　型崩れしにくい帽子を用意する

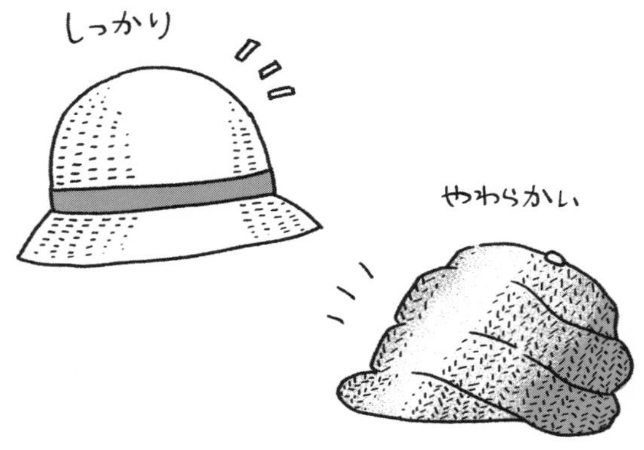

やわらかい素材だと子どもが扱いにくいので、形がしっかりとした固い帽子を用意します。シンプルなデザインのものがよいでしょう。

自立へのステップ②　一緒の外出時に大人が帽子をかぶる様子を見せる

大人のまねをしたがる時期です。子どもと一緒に出かけるときには、大人も帽子をかぶってみます。

自立へのステップ③　帽子のかぶり方を教える

子どもに自分の帽子を持たせて、子どもの手をとって頭にかぶせましょう。

ありがちな⬇つまずき⬇帽子をいやがる

小さいころから外出時には帽子をかぶるよう習慣づけます。鏡の前で一緒にかぶり「すてき」「かっこいい」などと言ってほめましょう。

●いつも自分で帽子をかぶる割合（%）

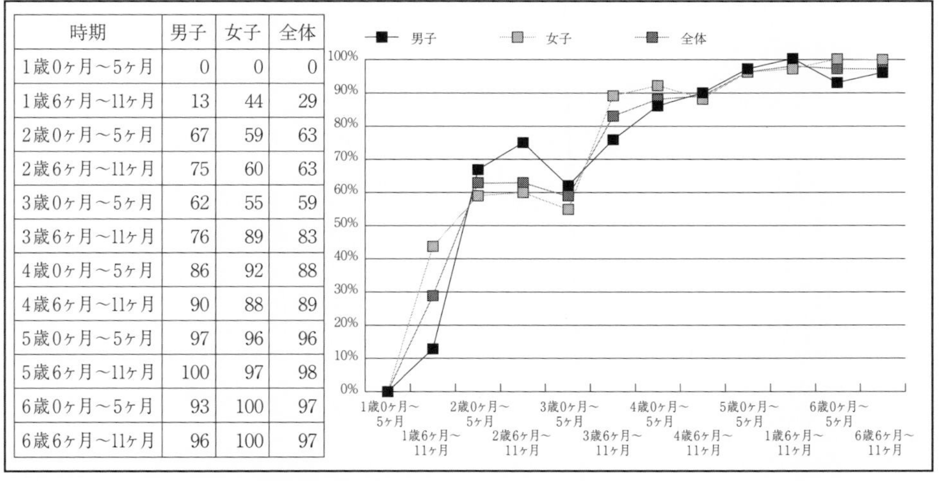

時期	男子	女子	全体
1歳0ヶ月～5ヶ月	0	0	0
1歳6ヶ月～11ヶ月	13	44	29
2歳0ヶ月～5ヶ月	67	59	63
2歳6ヶ月～11ヶ月	75	60	63
3歳0ヶ月～5ヶ月	62	55	59
3歳6ヶ月～11ヶ月	76	89	83
4歳0ヶ月～5ヶ月	86	92	88
4歳6ヶ月～11ヶ月	90	88	89
5歳0ヶ月～5ヶ月	97	96	96
5歳6ヶ月～11ヶ月	100	97	98
6歳0ヶ月～5ヶ月	93	100	97
6歳6ヶ月～11ヶ月	96	100	97

谷田貝公昭、高橋弥生『基本的生活習慣の発達基準に関する研究―子育ての目安―』一藝社、2021年

11　前ボタンを自分でかけられる（4歳0ヶ月）

◎高橋先生のここがポイント

ボタンかけは手指を器用に使う動作です。この動作をスムーズにできるということは、それだけ手指を使う脳が鍛えられていることになります。ボタンかけの自立は個人差が大きく、早い子は2歳過ぎから大きなボタンをかけられるようになりますが、ゆっくり始める子もいます。最初は大きめのボタンで始めてください。練習が必要ですので、手を添えてやり方を教えた後は、じっくりひとりで取り組む時間を作ってやることが必要です。

自立へのステップ①　ボタンかけのしやすい服を選ぶ

ボタンは大きめで、適度に厚みがあるもののほうがつまみやすいです。
衣服は伸縮性のある素材を選びましょう。

自立へのステップ②　下のボタンから順番に練習する

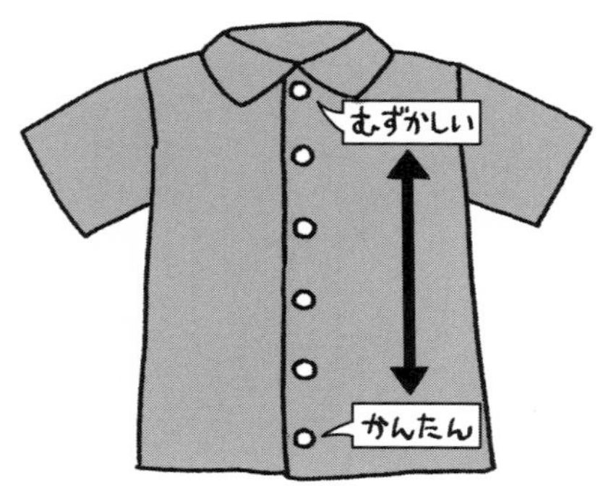

下のボタンから練習していきましょう。上からだと、抜かしてしまってボタンが余ってしまうことがあります。

自立へのステップ③　ボタンのかけ方を子どもに教える

1　子どもは立ちます。衣服の裾がおり曲がらないように気を付けます。

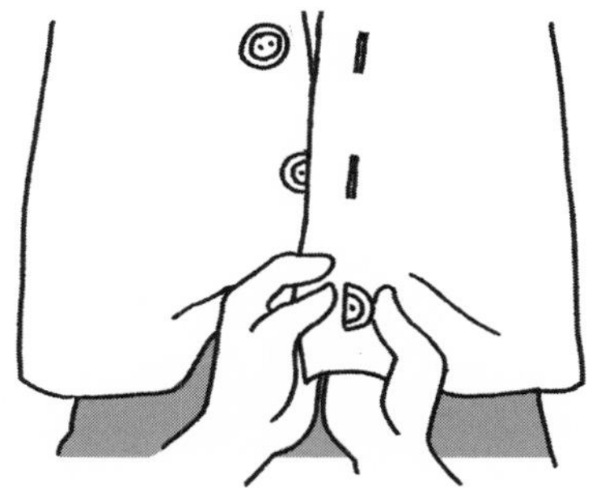

2　大人はボタンホールを持ち子どもが見えるように傾けます。

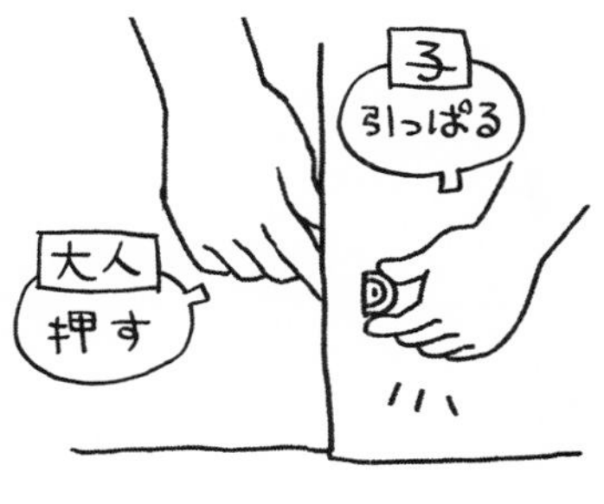

3　はじめは穴に入れるところだけ練習。穴から出てきたボタンを反対の手で引っぱらせます。

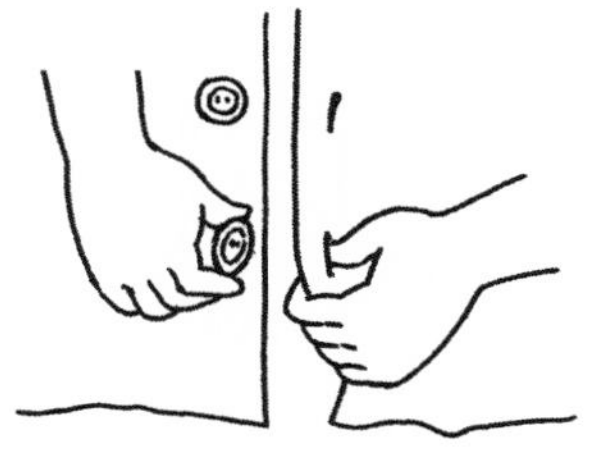

4　ボタンホールの横の布を持たせてボタンを穴に自分で通させます。

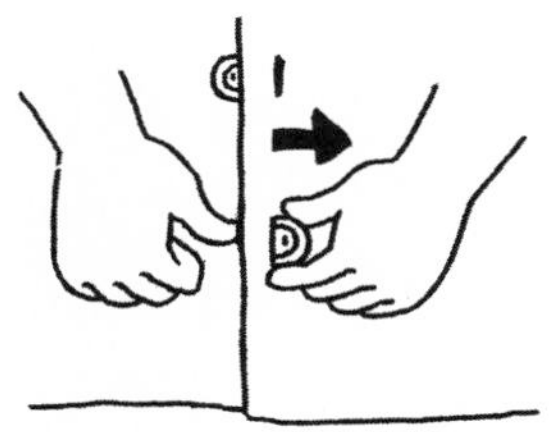

5　布を離して穴から出てきたボタンを引っぱらせます。

こんなとき どうする？首元のボタンがとめにくい

首元のボタンをひとりでとめるのはなかなか難しい動作です。子どもの目からだと一番上のボタンは見えにくいので、鏡を見ながら練習するのもよいでしょう。

12　自分で衣服を脱ぐことができる（4歳0ヶ月）

◎髙橋先生のここがポイント

普段着の自分の服を、ひとりですべて脱ぐことができるようになるのは4歳頃です。お風呂に入る時にひとりで裸になることができる、ということです。ファスナーやボタンのある衣服の場合は、それらを外すこともできるようになります。また、脱いだ衣服の裏返しを直す、きちんとたたんで一か所に置く、ということもできるようになることが大切です。この習慣は、園生活、学校生活でとても重要になります。手際よくできるようにします。

自立へのステップ①　ボタンやファスナーをていねいに外す

ボタンやファスナーはていねいに外してから脱ぐことを教えます。これを教えないとボタンを外さずに無理やり脱ぐようになります。

自立へのステップ②　裏返しをなおす

脱いだ服が裏になっていたら、裏返しを元通りに自分でできるように教えましょう。

自立へのステップ③　脱いだ服をたたむ

たたむ練習は、たたみ方の順番を決めてイラストや写真で示しましょう。平らな場所に衣服を広げて袖を片方ずつたたみます。衣服の構造を知るうえで大切な活動です。

1　服の裾を手前に置き、きれいに広げる。

2　両袖を内側に折りたたむ。両袖が重なる。

3　裾の両端をもち、襟のほうへ折り上げる。

ありがちな
⬇つまずき⬇力任せに引っ張り脱ごうとする

無理に引っぱるとよけいに脱ぎにくくなります。服がやぶれたり、ボタンが取れてしまったりすることもあることを子どもに教えて、脱ぎ方を教えましょう。

13　自分で衣服を着ることができる（4歳0ヶ月）

◎髙橋先生のここがポイント

4歳頃になると、すべての普段着を自分ひとりで着ることができるようになります。この頃には、毎朝身支度を自分ひとりでやる習慣を身につけるようにしたいものです。ただし、一応できるようになっても素早くできるようになるには毎日の積み重ねが必要です。最初は時間がかかることを見越して、身支度に十分時間がかけられるように時間配分をしてください。また、自分の服を自分で用意して、自分の服だと認識できることが大切です。

自立へのステップ①　着る服を自分で用意させる

上着、ズボン、靴下など着替えに何が必要か、自分で準備させてみましょう。服がどこにあるか確認させます。洗濯物たたみを一緒にやるとよいでしょう。

自立へのステップ②　十分な時間をとる、せかさない

大人はゆっくり待つように心がけましょう。十分な時間をとって、子どもをせかすことのないようにします。

自立へのステップ③　大人が仕上がりをチェックする

外出前、鏡を使って大人と一緒に着替えを一人でさせてみましょう。できたことをほめながら確認します。

ありがちな⬇つまずき⬇ひとりで着られない

ひとりで着られない要因がどこにあるか観察してみましょう。両手がうまく使えない、力加減がわからない、身体イメージがとらえにくい等。大人がほめながら行い、介助を徐々に減らしていき「自分でできた」という達成感を味わわせます。

●手伝いなしにいつも自分で服を着られる割合（％）

時期	男子	女子	全体
1歳0ヶ月～5ヶ月	0	0	0
1歳6ヶ月～11ヶ月	0	0	0
2歳0ヶ月～5ヶ月	6	12	9
2歳6ヶ月～11ヶ月	50	20	25
3歳0ヶ月～5ヶ月	32	45	38
3歳6ヶ月～11ヶ月	53	77	67
4歳0ヶ月～5ヶ月	66	85	75
4歳6ヶ月～11ヶ月	84	83	84
5歳0ヶ月～5ヶ月	86	96	91
5歳6ヶ月～11ヶ月	96	95	95
6歳0ヶ月～5ヶ月	100	98	99
6歳6ヶ月～11ヶ月	96	95	95

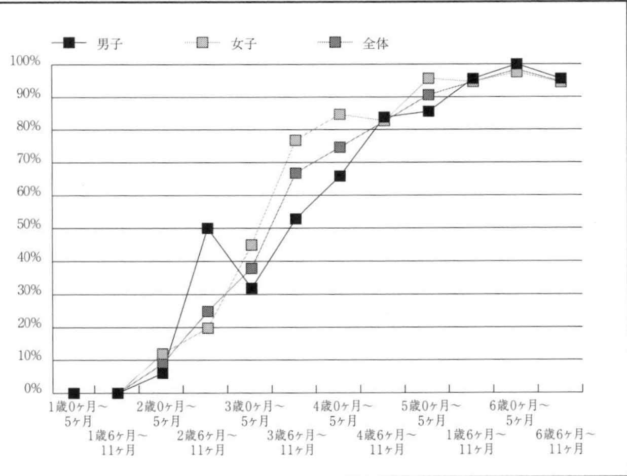

谷田貝公昭、高橋弥生『基本的生活習慣の発達基準に関する研究―子育ての目安―』一藝社、2021年

14　前ファスナーを自分ではめられる（4歳6ヶ月）

◎髙橋先生のここがポイント

子ども服の場合でも、ジャンパーやパーカーは前ファスナーがついている場合が多いです。手先が器用になってきて、ボタンがはめられるようになると、ファスナーも自分でできるようになってきます。ファスナーは最初の留め金の左右をしっかりはめること、つまみ（スライダー）を引っ張るときに裾を持っていること、この2点に気をつければそれほど難しい動作ではありません。ポイントをしっかり教えてやることで、ひとりで着ることができるようになります。

自立へのステップ①　大きめのファスナーがついた服を用意する

持っている上着の中で、できるだけ大きめのファスナーがついた服で練習します。仕組みを教えるにも大きいほうが理解しやすいでしょう。

自立へのステップ②　ファスナーの構造を子どもに見せて、大人がはめて見せる

ファスナーがどんな仕組みで閉じていくのかを子どもに見せます。金具のでこぼこがかみ合ってファスナーが閉じていきます。

自立へのステップ③　ファスナーの脇の布を巻き込まないようにすることを伝える

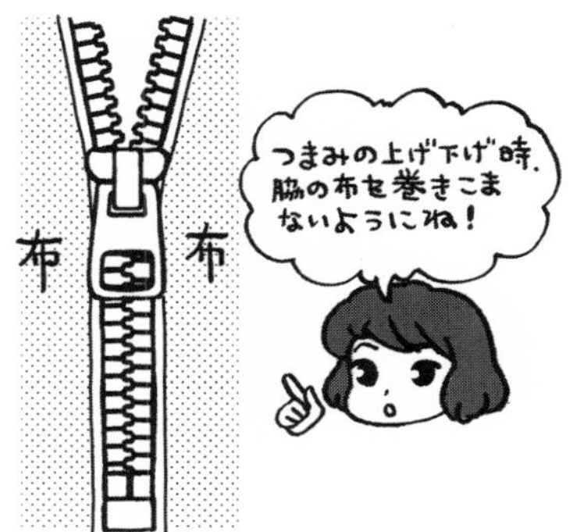

脇の布を巻き込まないようにファスナーをあげていくことを教えます。急いでやると、どうしても脇を巻き込んでしまいます。

自立へのステップ④　子どもの手に大人が手を添えて、一緒にやってみる

子どもの手をとり、両手でファスナーを持たせて、一緒にファスナーをはめていきます。反対の手で服の裾を引っぱると、ファスナーがあげやすいことも教えます。

こんなとき どうする？脇の布を巻き込んでしまった

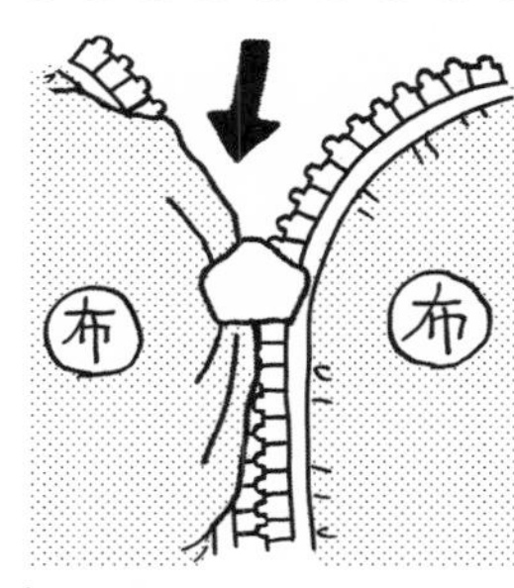

裏から見たファスナー。
脇の布を巻きこんでしまうと
動かなくなってしまう

脇の布を巻き込んでしまった場合には、ファスナーを無理に引っ張らないこと、いったん元に戻すことを教えます。

15　袖口のボタンを自分でかける（6歳11ヶ月までに自立しない）

◎髙橋先生のここがポイント

袖口のボタンは片手ではめる必要があるので、ボタンかけの中では難しい動作になります。最近の子どもの衣類は袖ボタンがついているものが少なく、自分ではめる機会はほとんどないと思います。そのため、幼児期には袖口のボタンをできるようになる子どもはほとんどいません。実は、小学生になってもできない子どもが多くいます。しかし、練習すれば幼児でも十分できる動作です。手指を使う機会として袖ボタンに挑戦してみてください。

自立へのステップ①　利き手から練習する

袖口のボタンをはめる練習をします。右利きの場合、左手首のボタンをかけることから練習します。

自立へのステップ②　やわらかい生地の服からはじめる

アイロンがきいているシャツの袖口のボタンかけは子どもにはやりづらいです。比較的やわらかいシャツのボタンかけから練習します。

自立へのステップ③　やり方を教える

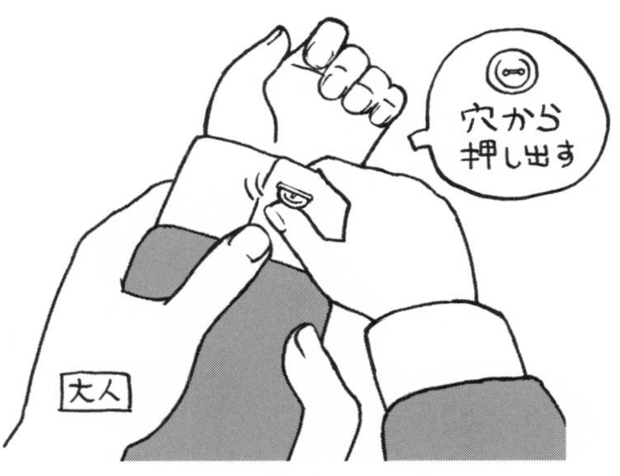

重なった袖口のボタン穴の上から、親指と人差し指でボタンをつまんで穴に通します。大人は袖口を押さえて援助します。

ありがちな ⬇つまずき⬇ 右袖のボタンをかけるのが難しい

利き手側のボタンをかけるには時間がかかります。難易度は右利きの場合、左袖→右袖。左利きの場合、右袖→左袖となります。何度も練習しましょう。

●いつも自分で袖ボタンをかける割合（%）

時期	男子	女子	全体
1歳0ヶ月～5ヶ月	0	0	0
1歳6ヶ月～11ヶ月	0	0	0
2歳0ヶ月～5ヶ月	0	0	0
2歳6ヶ月～11ヶ月	0	0	0
3歳0ヶ月～5ヶ月	3	3	3
3歳6ヶ月～11ヶ月	7	19	14
4歳0ヶ月～5ヶ月	10	22	45
4歳6ヶ月～11ヶ月	19	26	23
5歳0ヶ月～5ヶ月	22	34	29
5歳6ヶ月～11ヶ月	27	39	33
6歳0ヶ月～5ヶ月	44	59	52
6歳6ヶ月～11ヶ月	38	51	43

谷田貝公昭、髙橋弥生『基本的生活習慣の発達基準に関する研究―子育ての目安―』一藝社、2021年

16　靴ひもなどを花結び（ちょう結び・リボン結び）にする（6歳11ヶ月までに自立しない）

◎髙橋先生のここがポイント

結ぶという動作は生活の中で使う機会が多くあります。靴ひもの花結びは最も身近に使用するひも結びですが、小学生になっても結べない子が多くいます。靴ひもがほどけてしまうと、踏んでしまい危険です。花結びは、結んで固定するだけでなく、ほどく時にはひもを引くだけ、という便利な結び方です。一度覚えれば一生役に立つので、ぜひ幼児期に身につけて、生活の中の色々な場面で使ってみてください。

自立へのステップ①　同じ方向から子どもに手本を見せる

はじめは大人がゆっくりと花結びの手本を見せます。正面ではなく、同じ方向から見せることが基本です。大人が子どもの後ろに周り、子どもの手に添えながら一緒にやります

自立へのステップ②　順を追って教えていく

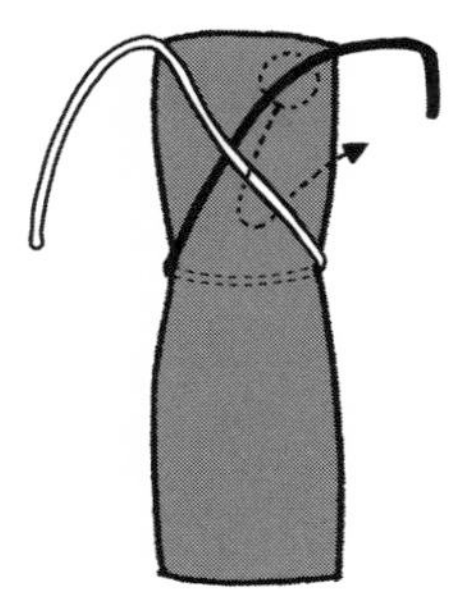

1　ひもを中央で交差させる。

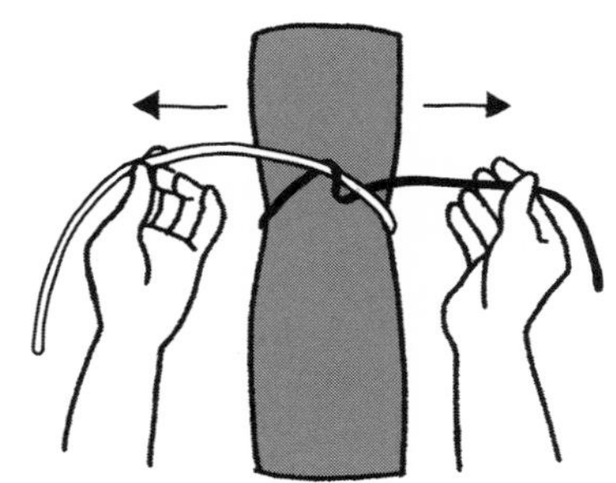

2　下から通し両側へ引っ張る。

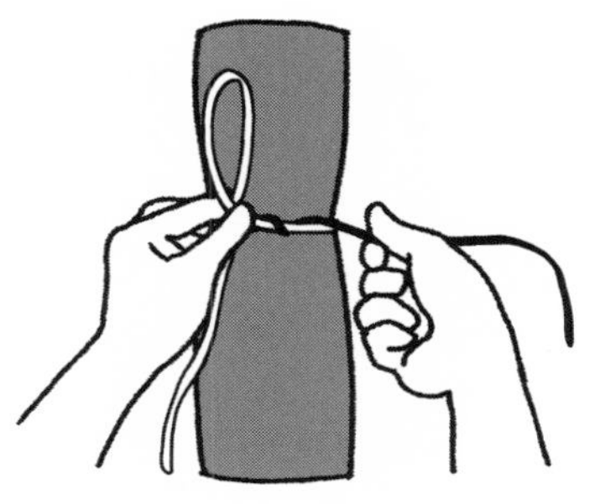

3　左のひもで輪を作る。

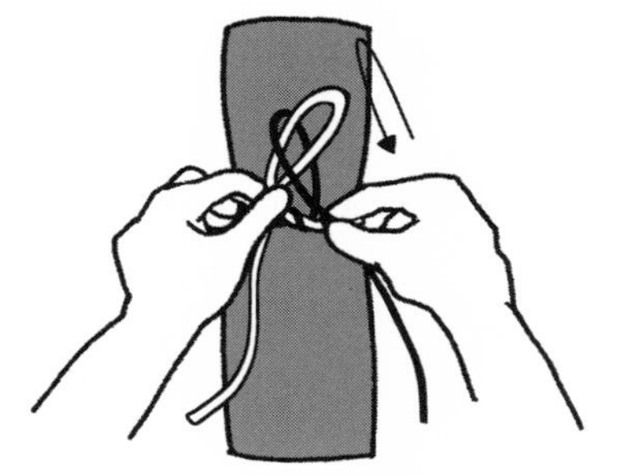

4　右のひもを左の輪の奥、上から下にかける。

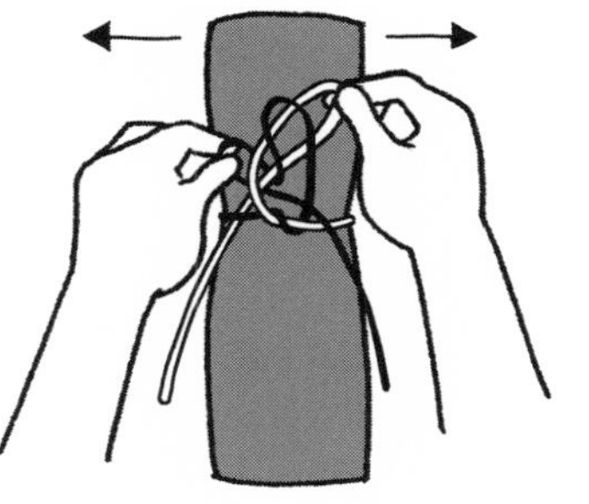

5　左の輪のつまんだ部分にかけたひもを折り返して入れる。

6　輪にしたひもを引っ張り整える。

自立へのステップ③　根気よく繰り返す

子どもの手をとり、ゆっくりとやってみましょう。段階を追って少しずつ覚えさせます。言葉をかけながら何度も繰り返すことで覚えるようになります。

さらなるステップ!! 就学までに花結びをマスターする

小学校に入ると「結ぶ」機会がたくさんあります。水泳パンツの内側、エプロン、靴ひも等……。花結びができているとあちこちで役立つので、がんばって習得させてみましょう。

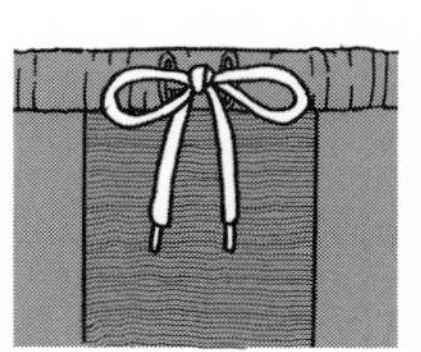

コラム
—着脱衣—

ボタンをかける

日常生活の中で、毎日行う両手と目の典型的な協応動作に、ボタンをかけるということがあります。ボタンをかける動作は、前のボタンの場合、下から上に向かって難易度が増します。右利きの場合は、左の袖口、右の袖口の順に難しくなります。左利きですと、それが逆転します。

現代の子どもたちの衣服を見ますと、ボタンのものは極端に減少し、ほとんどがかぶって着るものになっています。彼らの発達的見地から一考の余地があるといえます。

めちゃくちゃなひもの結び方

ひもを結ぶということは、人間が古代に修得した建設的技法だといわれています。ところが、今やその技法は失われつつあります。結べないのです。確かに日常生活の中で結ぶ動作は少なくなってきています。しかし、よく探しますと結構あります。たとえば、靴のひもです。大人でも縦結びでも平気な人もいます。街を歩いていて時々見かけます。大人がそんな具合ですから、子どもはめちゃくちゃです。物を作るということは、2つの動作の組み合わせでできます。ひとつは切る動作であり、もうひとつはくっつける動作です。くっつける動作で最初に考え出したことが結ぶということです。小学校就学までにかた結びと花結びくらいは、身につけさせてやりたいものです。

不便の効用

人間は、簡単、便利、迅速ということを追い求めてきました。それにどっぷりつかることによって先人の残してくれた知恵、生活技術、応用力といったものを消失してきています。しかし、この流れを逆流させることはできません。とすれば、弱点は教育的配慮や意識的訓練によって補強されなければなりません。便利さだけを追わず、不便の効用を考え実行することも、子どもの発達上極めて重要なことだといえます。

5章　清潔

子どもが自分からやるようになることが大切です。
清潔にすると気持ちいい、という感覚を養う援助を大人は心がけましょう。

清潔の習慣の自立の標準年齢

年齢	習慣		
1歳0ヶ月	毎日風呂に入る		
1歳6ヶ月	外から帰ったら手を洗う		
2歳0ヶ月			
2歳6ヶ月			
3歳0ヶ月	自分で手を洗う		石鹸を使って手を洗う
3歳6ヶ月			
4歳0ヶ月			
4歳6ヶ月	汚れた手を自分から洗う		
5歳0ヶ月	いつも自分で歯磨きをする		いつも自分で鼻水をかむ
5歳6ヶ月			
6歳0ヶ月			
6歳6ヶ月	自分で体を洗う		
6歳11か月までに自立しない項目	言われなくても自分から顔を洗う 言われなくても歯を磨く 自分で髪をとかす	 食事前の手洗い ひとりで風呂に入る	毎食後の歯磨き 外から帰ってうがいをする 自分で洗髪をする

谷田貝公昭、髙橋弥生『基本的生活習慣の発達基準に関する研究―子育ての目安―』一藝社、2021年

1　毎日風呂に入る（1歳0ヶ月）

◎髙橋先生のここがポイント

現代の日本では９割以上の子どもが毎日お風呂に入っています。良い習慣ですが、お風呂が嫌いになると毎日が大変になります。子どもが喜んでお風呂に入るようにするには、楽しく気持ちの良い時間にすることが大切です。子どもは大人より体温が高いため、お湯の温度も大人の適温より低く設定してください。そして、声をかけながら楽しく体を洗います。ただし、お風呂は危険な場所でもあります。安全に注意し、十分気をつけてください。

自立へのステップ①　シャワーやかけ湯をする

湯船に入る前にシャワーや湯船のお湯でかけ湯をします。あらかじめお湯が適温か大人が確かめてから、体全体を流します。

自立へのステップ②　洗うときは声をかける

いきなり洗うのではなく、身体の名称を言いながら話しかけてその部分をやさしく洗いましょう。

自立へのステップ③　湯船は一緒に入るか、絶対に目を離さない

湯船は大人も一緒に入り、肩までつかります。子どもがおぼれないように目を離しません。

自立へのステップ④　食後すぐや寝る直前は避ける

毎日、できるだけ同じ時間帯にお風呂に入るようにしましょう。食後すぐや就寝直前は避けます。

ありがちな
⬇つまずき⬇風呂をいやがる

ときには風呂自体をいやがることもあります。お風呂は楽しいところ、入った後は気持ちよいという感覚をもたせましょう。

2　外から帰ったら手を洗う（1歳6ヶ月）

◎髙橋先生のここがポイント

子どもは色々なところを手で触れてみます。外に出かけると、大人が気づかないうちにたくさんの場所に触れていることが多いです。でも、汚れるという意識はまだそれほど持っていないので、大人が促して手を洗う習慣をつける必要があります。外から帰ったら、大人も一緒に手を洗い、きれいになって気持ちがいいことを伝えてください。ただし、遊んでいる最中は汚れることをあまり気にせず、のびのびと遊ぶようにしたいものです。

自立へのステップ①　外から帰ったら洗面所に直行

日頃から、帰宅後は洗面所に直行する習慣をつけます。大人も帰宅後にはすぐ手を洗う姿を子どもに見せましょう。

自立へのステップ②　大人も一緒に

帰宅後は、子どもに洗わせるだけでなく大人も一緒に手を洗うようにしましょう。

自立へのステップ③　子どもの体に合わせた手洗い環境をつくる

石鹸や蛇口に手が届くように、タオルは自分専用にするなど手洗いの環境を整えます。

自立へのステップ④　きれいになったねと声かけ

手を洗い終わったら、「きれいに洗えたね」「ピカピカになったね」などと声をかけましょう。

ありがちな
⬇つまずき⬇面倒がる

面倒がる様子が見られたら、大人も子どもと一緒に手洗いをして帰宅後の習慣になるようにしましょう。

3　自分で手を洗う（3歳0ヶ月）

◎髙橋先生のここがポイント

生活の中で手を洗う場面は意外と多いものです。最初のうちは大人が声をかけて、手を洗うタイミングを指示してやります。食事の前、外から帰った後、遊んで手が汚れた時など、「手を洗おうね」と声をかけて習慣づけます。水道の蛇口に手が届かないなら、踏み台を用意して自分で洗える環境を作ります。水を出す量についても、最初に加減を教えてください。自分から手を洗うようになるまで、声をかけるようにします。

自立へのステップ①　手を洗うタイミングを教える

手洗いは食事前、遊びで汚れたとき、外から帰ったとき等があります。「ご飯の前に手を洗おうね」というように、具体的なタイミングを教えましょう。

自立へのステップ②　大人が後ろから両手を包み込んで

子どもの背中側から両手で、子どもの手を包み込みながら、手洗いを教えます。

自立へのステップ③　大人が見本を示す

「指の間、爪、手首も」と洗う箇所を教えながら、大人が子どもに見せて洗います。

自立へのステップ④　洗い残しを大人がチェックする

子どもが手を洗った後に、きちんと洗えているかチェックします。

こんなとき どうする?水で遊んでしまう

子どもは水で遊びがちです。手を洗ったら次に何をやるのか具体的に指示し、次の行動に移るよう促します。

4　石鹸を使って手を洗う（3歳0ヶ月）

◎髙橋先生のここがポイント

感染症の予防には石鹸での手洗いが大変有効です。3歳頃には石鹸での手洗いも上手になりますので、正しい洗い方を教えてやります。大人が隣で一緒に手を動かしながら見本を見せ、まねをさせるようにすると教えやすいです。固形の石鹸の場合は大きいと扱いにくいので、小さく切っておくと子どもでもしっかり泡立てることができます。最後に石鹸を流水できれいに洗い流すこと、手をタオルでしっかり拭くことも併せて教えます。

自立へのステップ①　いろいろな種類の石鹸

どのようなタイプでも手が洗えるように経験させます。固形石鹸や液体石鹸は水を含ませて手で泡立ててから使うように教えます。

自立へのステップ②　手の洗い方

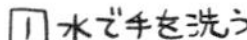

2 石鹸をつけこすりあわせる

3 左手の指の間に右手の指を入れて洗う 逆も

4 左手のひらの上で右手の爪を洗う 逆も

5 手首を洗う

6 親指を洗う

7 水で流す

自立へのステップ③　タオルできちんと拭く

洗った手を服で拭いたり髪をさわってごまかすのではなく、タオルでしっかり水分を拭き取ることを教えます。

こんなとき どうする？ハンドソープを出しすぎてしまう

「押すと出る」がおもしろくて、何度も出してしまう子もいます。ポンプを押すのは1回だけ、と汚れを落とすのに必要な量を教えます。

●いつも手を洗う時に自分で石鹸を使う割合（%）

時期	男子	女子	全体
1歳0ヶ月～5ヶ月	29	25	27
1歳6ヶ月～11ヶ月	25	22	24
2歳0ヶ月～5ヶ月	56	82	69
2歳6ヶ月～11ヶ月	50	45	46
3歳0ヶ月～5ヶ月	88	90	89
3歳6ヶ月～11ヶ月	94	95	93
4歳0ヶ月～5ヶ月	87	90	88
4歳6ヶ月～11ヶ月	95	92	93
5歳0ヶ月～5ヶ月	95	91	93
5歳6ヶ月～11ヶ月	95	98	96
6歳0ヶ月～5ヶ月	89	92	90
6歳6ヶ月～11ヶ月	88	89	89

谷田貝公昭、髙橋弥生『基本的生活習慣の発達基準に関する研究―子育ての目安―』一藝社、2021年

5　汚れた手を自分から洗う（4 歳 6 ヶ月）

◎髙橋先生のここがポイント

手が汚れた時に自分から洗うようになるには、汚れていることに気づく必要があります。手が汚れた時に、「手を見てごらん」と言って声をかけ、手の汚れに気づくようにします。そのままの手では困ることを伝え、自分から手を洗うように促します。手洗いの後には、子どもと一緒に手がきれいになったことを確認し、きれいに洗えたことをほめるようにすると、自分から手を洗う習慣が身についてきます。

自立へのステップ①　手が汚れることに気づく

砂場遊びや制作活動の後に、手洗いの時間を組み込み「手が汚れたら洗う」という意識を子どもに持たせます。

自立へのステップ② 洗う前に自分で腕まくりをさせる

手を洗うときは、袖口が濡れてしまわないように腕まくりをさせます。

自立へのステップ③ 大人も一緒に洗う

大人も手が汚れたら子どもと一緒に手を洗いましょう。大人がモデルとなります。

こんなとき どうする？頻繁に洗いすぎる

手の汚れに神経質になり、頻繁に洗いすぎる場合もあります。遊んでいる最中は手が汚れても大丈夫と伝えて、気にしないようにさせます。

6　いつも自分で歯磨きをする（5歳0ヶ月）

◎髙橋先生のここがポイント

歯磨きは､歯が生えた直後から9割以上の親が始めています。食後や寝る前に､子どもの歯を磨くという習慣ができています。ところが、子ども自身が自分から歯磨きをする習慣は、なかなか身につきません。子どもにとって歯磨きは面倒なことなのです。歯磨きが習慣づくまでは、大人が毎回声をかけ、歯磨き後はすっきりすること、きちんと磨くと虫歯にならないことを伝えます。大人も子どもと同じタイミングで磨くと、より効果的です。

自立へのステップ①　発達に合わせた歯ブラシを使う

自分で歯磨きできるようになったら、体の成長とともに歯ブラシの大きさや形状を適切なものに変えていきましょう。

自立へのステップ②　小刻みに磨く

歯ブラシを歯と歯茎の間に軽く当てながら、1～2本分の歯を小刻みに磨きます。

自立へのステップ③　大人が口の中をチェック

子どもが磨いた後は、親が仕上げ磨きをします。その際、歯茎の状態や虫歯もチェックしましょう。

自立へのステップ④　歯ブラシの管理

使用後は他の歯ブラシとブラシ部分がくっつかずに乾燥できる場所に保管します。歯ブラシの先が広がったら新しいものと交換しましょう。

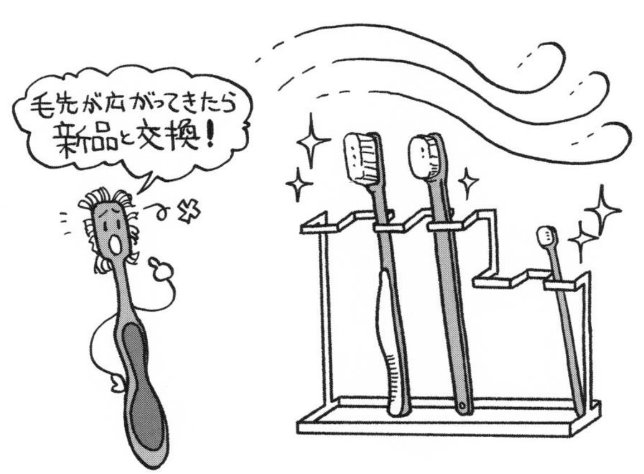

ありがちな
⬇つまずき⬇自分からやらない

歯磨きは習慣になりにくいものです。大人が磨くタイミングを声かけし、親子で一緒に歯を磨いたり、歌に合わせて磨いたり、工夫してみましょう。

7　いつも自分で鼻水を拭く（5歳0ヶ月）

◎髙橋先生のここがポイント

子どもは鼻水が出ていても意外に気にせず、そのままにしています。また、鼻水をかまずにすすって過ごすことも多いです。しかし、これは子どもの健康に良くありません。鼻水が出ていたら拭いたりかんだりするように言葉をかけてください。最初はフンと鼻水を出すことができませんが、繰り返し教えていくと鼻水を拭くことを覚えます。ただし、両方の鼻を同時に強くかみすぎると、耳に悪影響を及ぼすことがありますので気をつけてください。

自立へのステップ①　鼻水が出たらすすらずにかむことを教える

鼻水が出ていたら、そのままにせずにティッシュペーパーを渡して鼻をかむように促しましょう。

自立へのステップ②　服や手で拭かない

鼻水は服の袖口や手で拭かないで、ティッシュペーパーで拭くように声をかけましょう。

自立へのステップ③　鼻の穴を片方ずつティッシュペーパーで押さえて「フン」とする。

うまくかめない子には、片方ずつを鼻の穴をティッシュペーパーで押さえてかむように教えます。

自立へのステップ④　使ったティッシュペーパーをゴミ箱に捨てる

鼻をかんだティッシュペーパーはほうっておいたり、ポケットに入れたりしないで、ゴミ箱に捨てることを教えます。

ありがちな⬇つまずき⬇耳が痛くなったら大人に言うよう子どもに教える

強くかむと耳が痛くなることがあります。その時はがまんせず、すぐに大人に伝えるように教えます。

8　自分で体を洗う（6歳6ヶ月）

◎髙橋先生のここがポイント

6歳頃になれば、石鹸やタオルの操作も上手になり、体のバランスもしっかりしてきますので、自分で体が洗えるようになります。体を洗うタオルやスポンジに石鹸を泡立てるようにします。最近は泡で出てくる石鹸もありますが、固形石鹸の使い方も教えておきましょう。体を洗う時は、耳の後ろやくびれた部分、足の指の間など、忘れがちな部分をしっかり洗うように教えます。忘れがちな背中や首の泡もしっかり流すことも大切です。

自立へのステップ①　かけ湯をする

お風呂に入ったらまず、かけ湯やシャワーで体を流します。

自立へのステップ②　体の洗い方を教える

首や脇の下、足の指の間など忘れがちなところもきちんと洗います。背中はタオルを伸ばして洗うことを教えます。

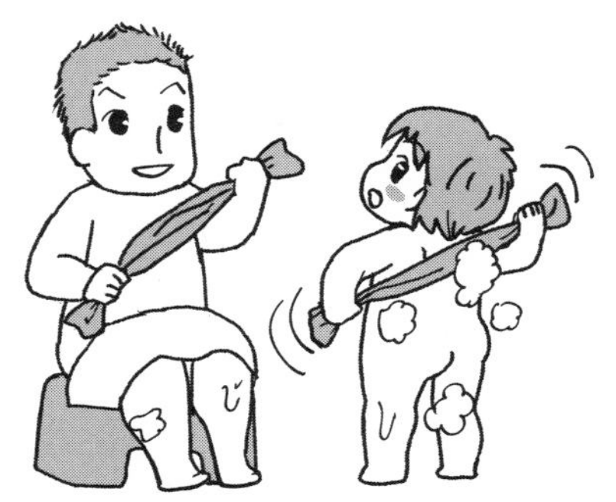

※タオルを伸ばし、背中に回す。両端を手で持って引っ張り合いながら洗う

自立へのステップ③　石鹸をよく落とす

体についた石鹸をよく洗い流し、泡が湯船に入らないようにします。

さらなるステップ！洗い残しのないようにする

脇の下や足の指の間、耳の後ろなど忘れがちです。ていねいに洗うように声をかけます。

9　言われなくても自分から顔を洗う（6歳11ヶ月までに自立しない）

◎髙橋先生のここがポイント

顔を洗う動作は、手のひらをお椀のようにして水をためる動作ができれば難しくありません。顔を洗うだけなら４歳頃からできるようになります。しかし、大人に言われなくても自分から進んで顔を洗う子どもは、４歳で１割、５歳で３割、６歳でも４割に満たない状態です。顔を洗うことで、汚れを落とすと同時に気持ちも切り替わります。また、朝の洗顔はマナーにも関わります。顔を洗うことが習慣になるまで声をかけ続けてください。

自立へのステップ①　起きたらすぐに顔を洗う

毎朝、起きたら洗面所に行き、顔を洗うという習慣にしましょう。

自立へのステップ②　大人が見本を示す

親も子どもと一緒に顔を洗い、お手本を見せます。

自立へのステップ③　子ども専用のタオルを用意

顔をふくタオルは自分専用にします。衛生面を考え、家族分用意しましょう。

自立へのステップ④　洗顔ですっきりする感覚

朝、顔を洗ったら目がさめて、すっきりして気持ちいいという感覚を覚えさせましょう。

さらなるステップ！両手で水をすくう

顔を洗う動作を教えます。両手でおわん型をつくり、水をすくう練習をします。お風呂で練習しましょう。

※この動作は人間しかできない

1章食事
2章睡眠
3章排泄
4章着脱衣
5章清潔

10　毎食後の歯磨き（6歳11ヶ月までに自立しない）

◎髙橋先生のここがポイント

食後30分以内の歯磨きは虫歯予防には有効といわれています。しかし、3度の食事のたびに歯磨きをする習慣は、大人でも身についていない人が多くいると思います。幼児期に、「食後に歯磨きをしないと気持ちが悪い」という感覚を身につければ、生涯役に立つはずです。昼食は園などで食べることが多いため、その施設の指導に委ねますが、家庭では朝夕の食後に大人も一緒に歯磨きをするリズムを作り、習慣にしてください。

自立へのステップ①　食後に歯磨きをする理由

なぜ歯磨きをするかを子どもに説明します。虫歯菌や歯周病菌を取り除くために毎食後、歯磨きをすることを教えます。

自立へのステップ②　大人も一緒に磨く

子どもに歯磨きを習慣づけるように、大人も一緒に歯を磨きましょう。

自立へのステップ③　歯磨きしながら歩かない

歯ブラシを口の中に入れたままで歩いたり走ったりしないように注意します。大きなケガにつながり、とても危険です。

自立へのステップ④　歯を磨くとすっきりする感覚

何か食べたあとや、朝、歯を磨くとすっきりするという感覚をもたせましょう。

こんなときどうする？出先などではブクブクうがい

外出していて、食後に歯が磨けないときは、ブクブクうがいだけでもやりましょう。

11　言われなくても歯を磨く（6歳11ヶ月までに自立しない）

◎髙橋先生のここがポイント

歯が生え始めるとすぐに歯磨きを始めるほど、歯の衛生には神経を使っているはずなのですが、子ども自身が自分から言われなくても歯磨きをする習慣は身についていません。言われなくても自分から磨く子どもは、5歳で3割、6歳で4割に満たない状態です。放っておくと、黙っていれば歯磨きをしないで学校に行くことになります。そうならないように、生活のルーティンとして体が覚えるまで、しっかりと声をかけてください。

自立へのステップ①　歯の健康とマナー

虫歯予防について、歯の健康について、口臭マナーについて、子どもに話をする機会を設けましょう。

自立へのステップ②　大人も一緒に磨く

習慣づけるために、大人も子どもと一緒に歯を磨きましょう。

自立へのステップ③　歯科医院で定期検診

歯の健康を保つために、歯科医院で定期的に検診を受けましょう。

自立へのステップ④　歯磨き道具の種類

歯ブラシはもちろん、他にもいろいろな歯磨きグッズがあります。歯間ブラシやフロスなど、歯並びや発達段階に合わせて使ってみましょう。

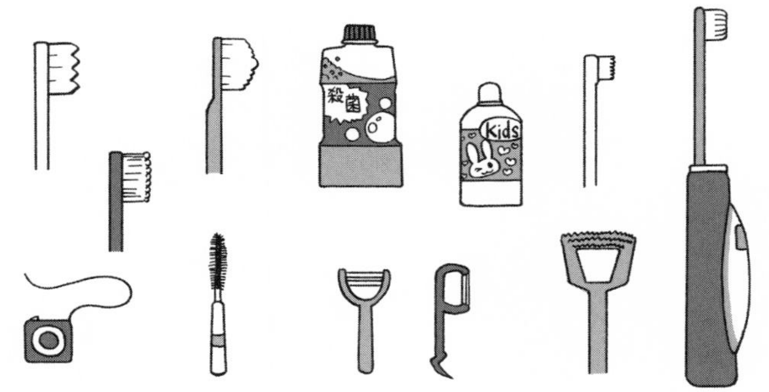

こんなとき どうする？自分からやろうとしない

自発的にさせるには、なぜ歯を磨くべきなのかを子どもに理解させます。大人も一緒に歯を磨きましょう。

1章 食事
2章 睡眠
3章 排泄
4章 着脱衣
5章 清潔

12　食事前の手洗い（6 歳 11 ヶ月までに自立しない）

◎髙橋先生のここがポイント

食事の前に手を洗うことは、感染予防の観点からとても重要です。調査によれば 6 割ほどの家庭は年齢に関係なく、食事の前に手を洗う習慣ができています。しかし、残りの 4 割は、6 歳になっても食前の手洗いが習慣になっていないのです。食べさせることに夢中になりすぎて、食前の手洗いを忘れていないか、各家庭で再点検をしてください。また、食事の手伝いをさせる時も必ず手を洗う習慣をつけると良いです。

自立へのステップ①　手を洗う意味を教える

なぜ手を洗うべきなのか、子どもに分かるように話をしましょう。

自立へのステップ②　おやつの前も手洗い

食事の前だけではなくおやつの前も手洗いします。何かを食べる前は、必ず手洗いの習慣づけをしましょう。

自立へのステップ③　配膳や料理の手伝い前に手洗い

食器や食品を扱うときは手を洗うということをお手伝いの中で学ばせます。

自立へのステップ④　家族で行う

家族みんなで、食事前には手を洗うという習慣をつけましょう。

ありがちな ⬇つまずき⬇ 面倒がる

手洗いを面倒がるときは、大人も一緒にやります。不潔な手でおやつを食べるとお腹を壊す原因になることも教えます。

13　外から帰ってうがいをする（6歳11ヶ月までに自立しない）

◎髙橋先生のここがポイント

外から帰った時に手を洗う（または洗ってもらう）子どもは、1歳6ヶ月の時点で8割を超えています。手洗いとうがいは同時に行う印象がありますが、うがいは手洗いほど習慣にはなっていません。外から帰った時のうがいが習慣になっている子どもは、6歳でも7割に満たないのです。しかし、病気の感染予防の点から、帰宅時にのどをガラガラとうがいをすることはとても有効です。大人も一緒にガラガラうがいを行い、習慣にしてください。

自立へのステップ①　いろいろなうがいができるようにする

・口に水を含んでペッと吐き出す。

・口に水を含み、頬を動かしながらブクブク。

・口に水を含み、上を向いて「あー」と声を出しながらガラガラうがい。

・ガラガラうがいをしながら口を「お」の字にあけて声を出さずにゴロゴロうがい。

自立へのステップ②　帰宅後は洗面所へ直行

帰宅したら、そのまま洗面所に直行してうがいをするという習慣にします。

自立へのステップ③　「手を洗ってうがいをする」をセットで

帰宅後は洗面所に直行、手を洗いうがいをするまでがワンセットという流れをつけましょう。

自立へのステップ④　環境の工夫をする

洗面所の環境は子どもの手が届くように工夫します。蛇口に手が届くように踏み台を用意しましょう。石鹸、コップ、タオルの位置も同様です。

こんなとき どうする？うがいがうまくできない

大人がうがいのお手本を見せます。お風呂に入ったときに練習するといいでしょう。

14　自分で髪をとかす（6歳11ヶ月までに自立しない）

◎髙橋先生のここがポイント

　髪をとかす動作は、4歳頃にはできるようになる子どもが多いです。しかし、自分の髪を自分で毎朝とかす、という習慣が身についている子どもはごくわずかです。6歳でも2割に満たないので、多くの子どもは登園前に大人に髪をとかしてもらっているのではないかと思います。小学校に入学するまでに、自分の髪を自分でとかすようにしてください。髪が短い場合はとかす必要がないですが、鏡の前で髪を整える習慣をつけてください。

自立へのステップ①　専用のブラシやくしを用意する

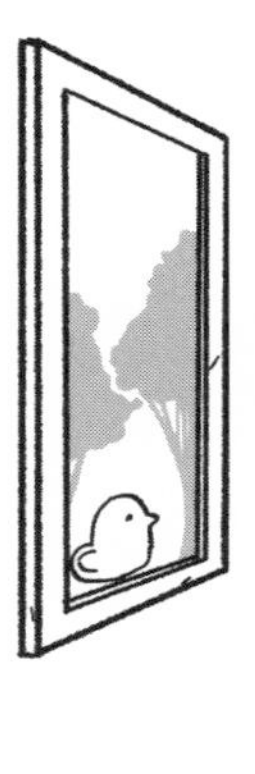

専用のくしやブラシで髪を用意して、子どもが自分でとかしてみるように声をかけてみましょう。

自立へのステップ②　鏡を見て身だしなみを整える

出かける前は鏡で自分の姿を見て、身だしなみを整えます。

自立へのステップ③　毎朝髪の毛を自分でとかす

毎朝、自分で髪の毛をとかします。初めは大人と一緒に行い習慣づけるようにします。

こんなとき どうする？関心がない

身だしなみに関心がない時は、他の家族と一緒に鏡でチェックするようにします。

●いつも自分で髪をとかす割合（%）

時期	男子	女子	全体
1歳0ヶ月～5ヶ月	0	0	0
1歳6ヶ月～11ヶ月	0	0	0
2歳0ヶ月～5ヶ月	0	0	0
2歳6ヶ月～11ヶ月	0	5	4
3歳0ヶ月～5ヶ月	3	3	3
3歳6ヶ月～11ヶ月	4	21	14
4歳0ヶ月～5ヶ月	11	15	13
4歳6ヶ月～11ヶ月	5	24	15
5歳0ヶ月～5ヶ月	10	20	16
5歳6ヶ月～11ヶ月	16	34	25
6歳0ヶ月～5ヶ月	16	35	26
6歳6ヶ月～11ヶ月	7	27	14

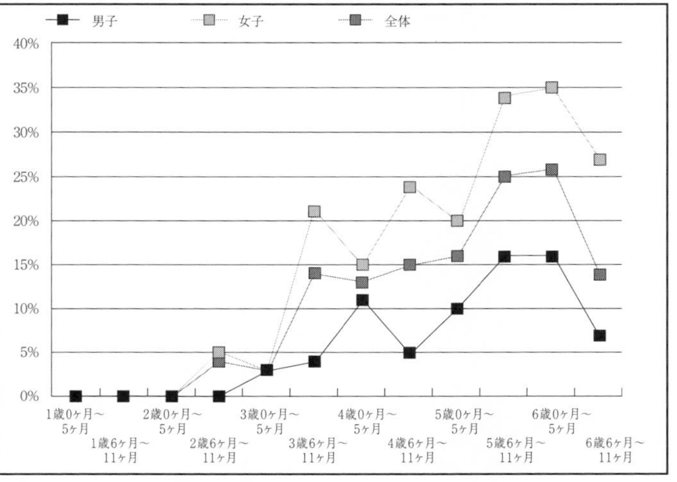

谷田貝公昭、高橋弥生『基本的生活習慣の発達基準に関する研究―子育ての目安―』一藝社、2021年

15　ひとりで風呂に入る（6歳11ヶ月までに自立しない）

◎高橋先生のここがポイント

ひとりでお風呂に入るには、まず着替えやタオルの準備が必要です。さらに体だけでなく、顔や頭もひとりで洗い、きれいに泡を流せなければなりません。お風呂から出たら体をしっかり拭いて、服を着るところまでがひとりでの入浴になります。いつもひとりで風呂に入っている6歳の子どもは、わずか2割ほどです。お風呂は危険も伴いますので、あせらず、きちんとした入浴方法を教え、安全に入れるようになったらひとりで入浴させるようにします。

自立へのステップ①　タオルや着替えを準備する

風呂に入る前にタオルや下着を用意し、脱いだ服を入れる場所も決めておきます。

自立へのステップ②　体や髪の毛を洗う

子どもがひとりで体や髪の毛を洗えるようになるまでは大人が手伝いながら、教えていきます。

自立へのステップ③　浴室で拭いてから脱衣所へ出る

浴室で濡れた体を拭いてから脱衣所に出る習慣をつけましょう。

ありがちな ⬇つまずき⬇ 脱衣所がビショビショ

脱衣所の床が濡れていると滑って危険です。次の人が気持ちよく風呂に入れるように、きちんと拭くことを教えます。

●いつも自分だけで風呂（シャワー）に入る割合（%）

時期	男子	女子	全体
1歳0ヶ月～5ヶ月	0	0	0
1歳6ヶ月～11ヶ月	0	0	0
2歳0ヶ月～5ヶ月	0	6	3
2歳6ヶ月～11ヶ月	0	0	0
3歳0ヶ月～5ヶ月	6	0	3
3歳6ヶ月～11ヶ月	2	11	7
4歳0ヶ月～5ヶ月	8	10	9
4歳6ヶ月～11ヶ月	11	6	9
5歳0ヶ月～5ヶ月	10	6	8
5歳6ヶ月～11ヶ月	19	14	16
6歳0ヶ月～5ヶ月	16	24	20
6歳6ヶ月～11ヶ月	29	16	25

谷田貝公昭、髙橋弥生『基本的生活習慣の発達基準に関する研究―子育ての目安―』一藝社、2021年

16　自分で洗髪をする（6 歳 11 ヶ月までに自立しない）

◎髙橋先生のここがポイント

髪を自分で洗える子どもの割合は、男児の方が女児より 1 割ほど多いです。それでも 6 歳男児で 6 割、6 歳女児は 5 割といったところです。髪が長いと洗髪はそれだけ大変になるからです。5 歳くらいになったら洗い方のコツを教えます。髪を洗う時に一番子どもが嫌がるのは、目にお湯や石鹸が入ることです。顔にお湯がかかっても嫌がらないように小さいころから慣らしておくと、比較的スムーズにできるようになります。

自立へのステップ①　洗い方を教える

1　髪の毛をお湯で十分に洗う。

2　シャンプーは適量手に出す。

3　爪ではなく指の腹で地肌を洗う。

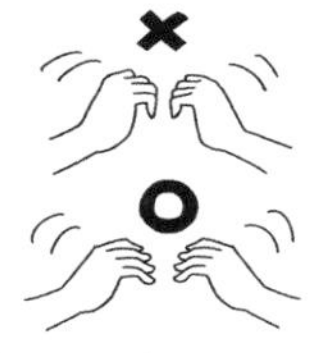

4　洗い残しがないように洗う。

大人が段階を追って髪の毛の洗い方を教えていきましょう。

自立へのステップ②　シャンプーをよく流す

シャワーを当てるだけでなく、シャンプーが残らないように、手を使って隅々までよく流します。

自立へのステップ③　きちんと拭く

浴室であらかた髪の毛の水分を拭きとります。脱衣所で乾いたタオルでしっかり拭きます。

自立へのステップ④　髪の長い子は大人がドライヤーで乾かす

髪の毛の長い子や毛量が多い子は大人がドライヤーで乾かします。

さらなるステップ！公衆の場では髪の毛が浸からないようにする

銭湯や温泉などでは、長い髪の毛は結んだりタオルを巻いたりしてまとめます。髪の毛が湯に浸からないようにしましょう。

コラム
―清潔―

顔を洗わない

朝、顔を洗わないで登園（校）する子のことが話題になって久しくなります。かつて全国の小学生を対象に顔を洗う実技調査をしたことがあります。そうしたときによく「君は今朝顔を洗ってきましたか」と聞きました。すると子どもは正直です。「洗ってない」といいます。そこで、その子の親に「お子さんは今朝顔を洗って登校しましたか」と聞きますと、その返事はほぼ全国的に決まっています。「いやだ、顔くらい洗ってきましたよ」という答えです。要するに子どもをよく見ていないのです。別言すれば「勉強したか」「宿題はしたか」という親は多いのですが、「顔を洗ったか」という人は少ないといえます。だから、小学生になっても顔の洗えない子がいるのです。

顔が洗えない

顔を洗う実技調査をするにあたって、正しい洗い方について調べたことがあります。顔を動かすのが正しいのか、手を動かすのが正しいのか。結果的にははっきりわかりませんでしたが、どちらにしても顔を洗うという一連の動作の中で、水を両手に掬ぶことができなければ洗うことはできません。そこでその動作ができるかどうかをみることにしました。そうしましたら、蛇口をひねり、両手の指を広げたままぬらし、その手で顔をパタパタたたく子がいるのです。両手の指を広げたままですから、いつまでたっても水はたまるはずがありません。こうした子はそんなにめずらしくありません。人類学者によりますと、両手で水をすくうという動作は人間だけにできることで、ほかの動物にはできないことだといいます。しかし、両手で水をすくえない子どもが出てきたという現実を考えますと、新種の人間の出現かと、親にいやみのひとつもいいたくなります。

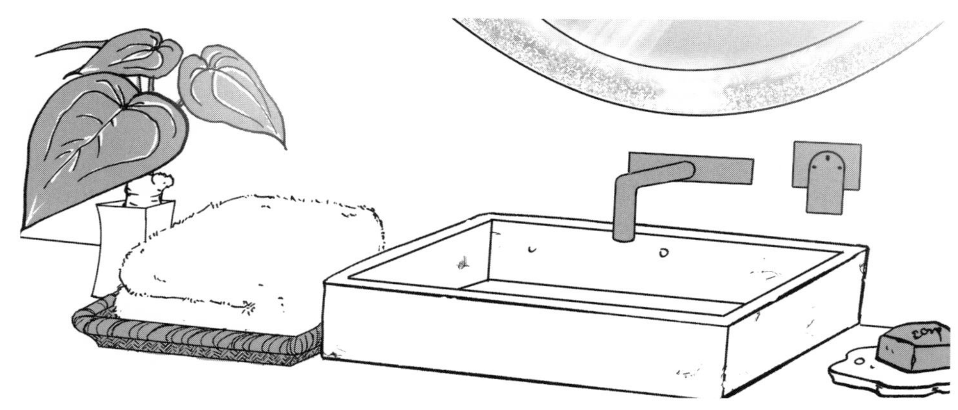

編著者紹介

編著

谷田貝公昭（やたがい・まさあき）
目白大学名誉教授、NPO 法人子ども研究所理事長

髙橋弥生（たかはし・やよい）
目白大学人間学部教授、同子ども学科長

執筆

1 章 食事　長瀬恭子（ながせ・きょうこ）
認定こども園中野幼稚園中野どんぐり保育園保育教諭

2 章 睡眠　小野公子（おの・きみこ）
元宇都宮市公立小学校教員

3 章 排泄　橋本惠子（はしもと・けいこ）
日本社会事業大学非常勤講師

4 章 着脱衣　若杉久美子（わかすぎ・くみこ）
山梨ポーテージ代表 認定相談員

5 章 清潔　室矢真弓（むろや・まゆみ）
NPO 法人子ども研究所理事

【引用・参考文献】

一般社団法人日本赤ちゃん学協会『睡眠・食事・生活の基本』中央法規出版、2016 年
神山 潤『子どもの睡眠～眠りは脳と心の栄養～』芽ばえ社、2003 年
谷田貝公昭、村越晃監修、NPO 法人子ども研究所編『イラスト版手のしごと 子どもとマスターする 49 の生活技術』合同出版、2023 年
谷田貝公昭監修『生活の自立 Hand Book』学研、2009 年
谷田貝公昭、髙橋弥生『基本的生活習慣の発達基準に関する研究―子育ての目安―』一藝社、2021 年

親子でとりくもう
絵でわかる基本的生活習慣

2023年3月20日初版第1刷発行

編著　谷田貝公昭　髙橋弥生
発行者　小野道子
発行所　株式会社一藝社
〒160-0014 東京都新宿区内藤町1-6
電話 03-5312-8890 FAX03-5312-8895
http://www.ichigeisha.co.jp
振替　東京 00180-5-350802
印刷・製本　モリモト印刷株式会社
ISBN978-4-86359-266-7 C3037